LAURA KIRSCHBACHER

fresh!

190 SMOOTHIES, SÄFTE & DRINKS

INHALT

LOCO
Havana Club

Farbe zum Trinken – das sind Smoothies, Säfte und Shakes. Knallig mit Beeren, pastellfarben mit Mandelmilch. Aber nicht nur darum lieben wir diese gesunden Drinks, sie schmecken vor allem fantastisch und sind voll mit Vitaminen und Nährstoffen. In den heißen Sommermonaten, wenn man eher kochfaul wird, ersetzen sie auch mal eine Mahlzeit und im Winter halten sie die Erkältung fern.

Nachmittags auf dem Balkon genießen wir einen selbst gemachten Eistee oder eine erfrischende Limo – und natürlich Eiskaffee! Der ist längst nicht mehr nur die pappsüße Kalorienbombe mit Vanilleeis und Sahne, sondern wird als Iced Coffee raffiniert mit hausgemachtem Sirup oder Saft aromatisiert.

Am Abend bekommen die Früchte einen Schuss, die Freunde einen Schwips und jeder entspannt sich auf der Picknickdecke, während die Sonne träge untergeht. Allen, die lieber alkoholfrei bleiben, werden Mocktails serviert, Cocktails ohne Alkohol. So könnte der Sommer ewig dauern, aber immerhin wissen wir: Wenn die Tage dann leider doch irgendwann kürzer werden, nehmen wir die besten Rezepte mit in den Winter und behalten dank Karottensaft die Sommerbräune etwas länger.

Und jetzt raus in den Supermarkt oder auf den Markt und entdecken, was die Saison zum Mixen und Entsaften hergibt. Eines ist noch wichtig, bevor Sie loslegen. →

Alle Rezepte sind für zwei Gläser zum Teilen oder ein sehr großes zum Selbertrinken, außer bei den Bowlen, da wird eine ganze Gruppe glücklich.

NUR GUTES DRIN: SÄFTE, SMOOTHIES & SHAKES

Immer genug Gemüse essen, das hört man, sobald man selbstständig nach einem Stück Gurke greifen kann. Später lernen wir, dass wir fünf Portionen Obst und Gemüse pro Tag essen sollten, ein guter Richtwert, um mit den wichtigsten pflanzlichen Nährstoffen versorgt zu sein. Doch was brauchen wir wirklich?

Vor allem einen guten Mix, eine ausgewogene Ernährung. Und gleichzeitig ist die Empfehlung „fünf am Tag" nicht zu verwechseln mit fünf Portionen Obst: Fruchtzucker kann uns wichtige Energie liefern, aber zu viel Zucker ist natürlich auch nicht förderlich. Deswegen genießt man Smoothies, Säfte und Shakes am besten als Zwischenmahlzeit, nicht als Getränk, wenn man Durst hat. Und die gemüsigen Schwestern reiner Fruchtsmoothies sind einfach noch einen Tick gesünder.

Säfte, Smoothies und Shakes lassen sich super einsetzen, wenn man weiß, was man erreichen will und wie man seinen Vitamin- und Nährstoffhaushalt dauerhaft ausgleichen kann. Vor allem für VegetarierInnen und VeganerInnen sind grüne Proteinquellen wichtig, die sich gut in Shakes packen lassen: Also ab in den Mixer mit Nüssen, Samen und Kernen. Ebenso können Vollkornhaferflocken, grünes Blattgemüse, Joghurt, Kefir oder Quark aus Tiermilch und Chiasamen einen Beitrag zur Proteinversorgung leisten.

KAMPF DEN FREIEN RADIKALEN!

Wer Tag für Tag durch Häuserschluchten radelt oder auf der Autobahn unterwegs ist, fühlt sich irgendwann selbst ganz grau – um Abgase und Umweltgifte kommt leider kaum jemand herum.

Umweltgifte aber auch zum Beispiel Rauchen oder der Genuss von Alkohol führen dazu, dass im Körper freie Radikale produziert werden, die das Gewebe in oxidativen Stress versetzen, die Zellen angreifen und so dauerhaft schädigen können. Die gute Nachricht ist: Man kann sich bewusst für eine Ernährung mit viel Obst und Gemüse entscheiden und nimmt so Antioxidantien in ausreichenden Mengen zu sich, die die freien Radikale binden können. Um das gesunde Potenzial richtig nutzen zu können, ist es jedoch wichtig, Obst und Gemüse immer mit Schale zu verarbeiten, daher verwendet man am besten Bio-Ware. Und noch eine recht einfache Regel gibt es: Je bunter desto besser. Denn vor allem die pflanzlichen Farbstoffe wie Anthocyane, die z.B. für die blaue Farbe der Heidelbeeren sorgen, helfen dem Immunsystem bei der Abwehr freier Radikale und machen die Früchte so gesund.

PST! NICHT SO GEHEIME GEHEIMTIPPS FÜR SÄFTE UND SMOOTHIES

- *Alles frisch zubereiten, sonst gehen die Nährstoffe verloren.*
- *Obst & Gemüse wenn möglich mit Schale verarbeiten – am liebsten die Bio-Sorten.*
- *Die Macht der Kräuter und Gewürze nicht vergessen, auch in Säften, Smoothies und Shakes.*
- *Den Trester aus der Saftpresse in Reiberdatschi, Brot oder Kuchen verbacken oder in den Joghurt rühren.*
- *Bei Smoothies immer so viel Flüssigkeit in den Mixer geben, bis die Mixerklingen gerade bedeckt sind.*
- *Nüsse und Kerne vor dem Mixen einweichen.*

SUPER FOODS

ALLES SUPER BEI DEN SUPERFOODS?

Superfoods sind eine echte Glaubenssache: Manche schwören darauf, andere halten sie für eine Marketingmasche findiger Lebensmittelhändler. Und beide haben recht, denn manches wird überteuert angeboten, anderes hat aber tatsächlich geballt gute Inhaltsstoffe. Deswegen ist die Definition auch schwammig: Wann ist Food super?

Dabei müssen es gar nicht immer die eingeflogenen getrockneten Beeren sein, überteuerte Pülverchen oder Blütenpollen, von denen man nicht weiß, wie rabiat sie dem Bienenvolk entrissen wurden. In jedem Fall lohnt es sich bei Superfoods, ihre Herkunft zu überprüfen. Getrocknete Beeren aus China z. B. können stark mit Umweltgiften belastet sein, da hilft ihre „Superfood-Power" dann auch nicht mehr. Zunehmend geraten daher die Superfoods in den Blick, die schon längst Teil unserer Ernährung sind und manchmal sogar auf dem Acker um die Ecke wachsen wie der Grünkohl. Es spricht nichts dagegen, die abgefahrenen Superfoods, die online erhältlich sind, einmal zu probieren und nach eigenem Geschmack zu entscheiden, ob sie ihr Geld wert sind. Gut zu Smoothies passen z. B. Weizengraspulver, Goji- und Acaibeeren, Noni- oder Aloe-Vera-Saft, Blütenpollen und Hanfsamen.

Eine Auswahl an Superzutaten oder, wenn Sie wollen, „Superfoods" finden Sie hier. Warum die Kokosnuss nicht dabei ist? Weil sie recht viel Fett und dabei nicht die gesündesten Fettsäuren enthält. Dennoch ist sie sehr lecker und passt, in Maßen genossen, gut in viele Smoothies. Der Kokosnuss-Hype ist übrigens schon über hundert Jahre alt, wer Christian Krachts *Imperium* gelesen hat, weiß allerdings auch, wohin er August Engelhardt auf seiner Kokosdiät geführt hat.

→ ALGEN

Algen gelten als nachhaltiger, gesunder und sehr zukunftsweisender Bestandteil der Ernährung, in Smoothies werden vor allem Chlorella und Spirulina verwendet. Chlorella ist eine Eiweißbombe und enthält viel Chlorophyll, Spirulina ist reich an Eisen und Kalzium. Beide kombiniert man am besten mit recht kräftigen oder sauren Früchten, sonst schmeckt der Smoothie nach Meer. Alternative: Petersilie.

→ AVOCADO

Avocados werden gerne mal als Butterfrucht bezeichnet, denn sie enthalten viel gesundes Fett. In ihnen stecken reichlich Vitamin A und Vitamin E, die sich positiv auf Augen und Haut auswirken. Avocados sind im Kaloriengehalt aber auch nicht ohne – und daher eher als Hauptmahlzeit denn als Snack zu verstehen!

→ BANANE

Wegen ihres Kaliumgehalts sind Bananen zu empfehlen, wegen ihres hohen Gehalts an Fruchtzucker allerdings eher in Maßen und nicht täglich. Wer aber schnell Energie braucht oder einen Kater mit sich herumträgt, der schäle sich eine!

→ BEEREN

Während die meisten Obstsorten mit ihren wilden Urahnen nicht mehr viel zu tun haben, sind Beeren weniger stark gezüchtet und enthalten noch immer eine geballte Ladung an Vitaminen, Mineralstoffen und Spurenelementen. Gleichzeitig sind Kalorien- und Fruchtzuckergehalt niedrig. Wenn es natürliche Superfoods gibt, dann sind das Beeren.

→ CHIASAMEN

Schon 1 TL Chiasamen deckt den täglichen Bedarf an Omega-3-Fettsäuren, außerdem enthalten sie hochwertige Proteine und sind reich an Vitamin E. Die Samen machen zudem lange satt, denn sie quellen im Magen auf. Für den Sattmacher-Effekt sind Leinsamen aber auch eine gute, günstige und regionale Alternative.

→ GRÜNER TEE

Grüner Tee unterstützt den Stoffwechsel, hält jung und fördert die Konzentration. Genauso wie Weißer Tee enthält er Antioxidantien. Beide Teesorten eignen sich, um Smoothies damit zu verdünnen.

→ KAMILLE

Kamille beruhigt die Nerven, wirkt infektionshemmend und auch bei Kopfweh tut eine Tasse Kamillentee gut. Da sich ihr Geschmack mit vielen Obst- und Gemüsesorten verträgt, kann man Kamillentee in den Smoothie mixen oder Saft damit verdünnen.

→ GRÜNKOHL UND ANDERE GRÜNE BLATTGEMÜSE

Die Mineralstoff- und Vitamindichte im Grünkohl ist mittlerweile legendär. Die Kombination der Mineralstoffe und Vitamine ist gut für das Immunsystem und hält auch den Blutzuckerspiegel stabil. Wie Algen, Petersilie, Rucola und Spinat enthält er viel Chlorophyll.

→ MANDELN

Täglich eine Handvoll pur zu essen ist zwar nicht gerade kalorienarm, aber gesund, denn sie enthalten Fett von bester Qualität, Ballaststoffe für eine gute Darmflora und grünes Protein für VegetarierInnen und VeganerInnen. Für Smoothies sollte man sie vorher einweichen, damit sie sich gut mixen lassen.

→ MATCHA

Matcha ist ein leuchtend grüner Pulvertee aus Japan. Matcha enthält essenzielle Fettsäuren, Mineralstoffe und Vitamine, außerdem Koffein. Ich schätze Matcha- und Grüntee als Wachmacher, die mich konzentrierter arbeiten lassen als Kaffee.

→ PETERSILIE

Wie Algen ist auch die Petersilie chlorophyllhaltig und stark im Geschmack. Sie macht sich super in gemüsigen Smoothies! Chlorophyll fördert unter anderem den Aufbau neuer Blutzellen – kein Wunder, es ist quasi eingefangenes Sonnenlicht.

→ ROHKAKAO

Rohkakao ist überaus mineralreich, enthält große Mengen an Antioxidantien und er ist sogar gut bei Stress. Ganz abgesehen davon macht Kakao aus fast jedem Shake ein himmlisches Schokodessert.

→ SONNENBLUMENKERNE

Sonnenblumenkerne sind reich an ungesättigten Fettsäuren, sie enthalten zudem viel Magnesium sowie Folsäure und stärken so das Nervensystem.

OIL
WHITE TRUFFLE
OLIVE OIL
SPICES
SALT
SALT
PEPPER
PHILIPS
73 LA BRUKET
TVÅL

GUTE GERÄTE MACHEN DAS LEBEN SO VIEL EINFACHER

Orangen und Zitronen presse ich gerade noch mit der Hand, aber beim Apfel braucht man dann schon einen Entsafter. Deswegen kommen wir hier um die Technik nicht herum!

→ ENTSAFTER

Es gibt verschiedene Arten von Entsaftern für unterschiedliche Geldbeutel und Ansprüche. Für den haushaltsüblichen Gebrauch haben Zentrifugalentsafter ein gutes Preis-Leistungs-Verhältnis. Sie zerkleinern das Obst, um es dann durch ein feines Sieb zu pressen. Das zerkleinerte, trockene Obst, der Trester, bleibt in der Maschine, während der Saft mittels Zentrifugalkraft in die Kanne fließt. Das geht schnell und sauber, allerdings muss man kleine Abstriche bei der Vitaminausbeute machen: In der Maschine sind Obst und Gemüse der Luft ausgesetzt und durch die schnelle Umdrehungszahl entsteht Wärme, beides Faktoren, die den Vitamingehalt ein wenig senken. Der frisch gepresste Saft sollte daher auch sofort getrunken werden, damit keine weiteren Vitaminverluste entstehen.

Die Rezepte in diesem Buch wurden mit einem Entsafter aus der Avance Collection von Philips entwickelt, der immer frisch gereinigt in der Küche steht und so jederzeit zum Einsatz bereit ist. Die Saftausbeute landet bei diesem Modell in einer mitgelieferten Kanne und nichts spritzt durch die Gegend, außerdem lässt er sich gut reinigen. Alle Teile, bis auf den

Motor und den Messereinsatz, dürfen praktischerweise in die Spülmaschine. Mit dem Zitruspressenaufsatz verarbeitet er auch Zitrusfrüchte. Faser- oder stärkehaltiges Obst wie Mango, Bananen oder Zuckerrohr sind allerdings nichts für Zentrifugalentsafter, sondern nur für den Mixer. Der Reinigungsvorgang erfolgt ganz einfach mit ca. 700 ml Wasser.

→ SAFTPRESSE

Wer seine Saftproduktion professionalisieren und auch Zutaten wie Kräuter und Salat noch gründlicher entsaften will, sollte sich eine Saftpresse zulegen. Im Gegensatz zum Entsafter, bei dem durch Oxidation ein wenig vom Vitamingehalt auf der Strecke bleibt, minimiert die Presse die Zeit, in der Saft mit Luft in Berührung kommt, also oxidieren kann. Da keine schnelle Bewegung im Spiel ist, entstehen auch keine weiteren Oxidationsverluste durch Wärme.

→ HEISSENTSAFTER

Und dann gibt es natürlich noch Omas Heißentsafter, einen dreistufigen Topf oder auch einen Weckomat, der, wie der Name schon sagt, den Saft auskocht. Nicht alle Früchte sind dafür geeignet, am besten geht es mit denen, die Oma auch schon im Garten hatte: Äpfel, Birnen, Beeren etc. Leider ist die Vitaminausbeute durch den Kochvorgang verringert, lecker schmeckt das Ergebnis natürlich trotzdem. Während frisch gepresster Saft nicht aufbewahrt werden sollte, kann der Saft aus dem Heißentsafter in sterilisierte Flaschen abgefüllt werden und ins Vorratsregal wandern.

→ STANDMIXER

Die Technik eines Mixers ist bei allen Modellen sehr ähnlich, nur die Leistungsfähigkeit und die Funktionen unterscheiden sich. Je nachdem, was man mixen möchte, braucht man einen Hochleistungsmixer, der zum Beispiel auch aus steinharten Kichererbsen Mehl mahlt. Für Smoothies reicht meist ein handelsüblicher, aber hochwertiger Mixer mit einer Wattzahl um die 800 W. Eine Pulse-Funktion für Nüsse und Eiswürfel sollte unbedingt vorhanden sein, so hat man in Sekundenschnelle Crushed Ice für den Cocktail zur Verfügung.
Die Rezepte für dieses Buch wurden mit dem Avance Collection Standmixer von Philips entwickelt, der nicht nur zuverlässig Nüsse und gefrorene Früchte zerkleinert, sondern sich auch in der Spülmaschine wohlfühlt. Zwar empfiehlt es sich, das nicht zu oft zu tun – Spülmaschinensalz und Wärme greifen die Messer an – aber ab und zu ist eine Grundreinigung in der Spülmaschine sehr praktisch. Sein Glasbehälter bleibt außerdem länger schick als die Plastikkannen vieler anderer Mixer und lässt sich auch mit 500 ml Wasser und Pulse-Funktion easy reinigen.

→ STABMIXER

Wenn gerade kein Standmixer in der Nähe ist, kann man auch mit einem Handmixer Smoothies zubereiten. Besonders gut geht das mit weichen, faserlosen Obst- und Gemüsesorten.

WER A SAGT,
MUSS AUCH
PFELSAFT
SAGEN

DETOX – bin ich vergiftet?

Keine Sorge, nur weil man „detoxt", ist man nicht vergiftet. Fastenkuren sind auch keine Erfindung des 21. Jahrhunderts, sie werden schon seit Jahrhunderten in verschiedenen Kulturen und auf verschiedene Arten praktiziert. Mit „Detoxing" hat sich aber ein neues Bewusstsein dafür entwickelt, dass man dem Körper Pausen und Reinigungsphasen gönnt. Denn man könnte sagen, dass alles, was den Körper reinigt, „detox" ist – von einer Rohkostphase bis hin zum zeitweisen vollständigen Verzicht auf Nahrung außer Wasser. Wenn die Großtante also empfahl, Backnatron ins Badewasser zu geben, verstand auch sie darunter schon „detox", sie nannte es nur anders.

Im Alltag haben wir oft einfach das Gefühl, ausgelaugt zu sein, uns etwas zu ungesund ernährt zu haben. Was helfen kann, ist eine Saftkur, nennen wir es also: Das Saft-Detox-Programm! Hier finden Sie zwei Varianten, eine kurze und knackige Kur für einen Safttag, und eine längere von drei Tagen. Wer dann gleichzeitig noch ein Bad nimmt, wird sogar von innen wie von außen sauber, ganz ohne dass er ein teures Spa-Detox-Treatment buchen muss.

24-STUNDEN-DETOX

Wenn Sie sich einen Tag gute Säfte gönnen wollen, beginnen Sie am besten am Abend des Vortags und verfahren Sie nach diesem Plan:

→ AM VORABEND STATT EINEM ABENDESSEN:
1 großes Glas Saft, z. B. Sellerie, Fenchel & Ananas (S. 32)

→ MORGENS NACH DEM AUFSTEHEN:
1 großes Glas lauwarmes Wasser mit dem Saft von ½ Zitrone

→ WENN DER HUNGER KOMMT:
1 großes Glas Saft, z. B. Grapefruit & Johannisbeere (S. 32)

→ VORMITTAG:
1 Glas Tee

→ MITTAG:
1 großes Glas Saft, z. B. Karotte, Pastinake & Sellerie (S. 24)

→ NACHMITTAG:
1 Glas Tee mit einer Prise Vanille und Zimt

→ ABEND:
1 großes Glas Saft, z. B. Pflaume, Paprika & Fenchel (S. 44)

3-TAGE-DETOX

Eine Saftkur, die drei Tage oder länger dauern soll, braucht etwas mehr Vorbereitung. Schon drei Tage vorher sollte man Zucker, Kohlenhydrate, Koffein, Alkohol und Nikotin herunterfahren bzw. aus der Ernährung eliminieren, um den Körper nicht zu rabiat umzustellen.
Am Vortag ist dann ein Rohkosttag eine gute Idee, mit viel knackigem Gemüse und Obst. In dieser Detox-Woche können Kopfschmerzen auftauchen, das ist ganz normal. Eine Runde Spazierengehen um den Block und ein kleiner Extrasaft oder ein Tee können helfen.

→ START IN DEN TAG:
1 großes Glas lauwarmes Wasser mit dem Saft von ½ Zitrone

→ ZWISCHENMAHLZEITEN:
Tee, auch mit Gewürzen oder einem Schuss Saft

→ HAUPTMAHLZEITEN:
Säfte nach Belieben, am besten bunt gemischt und immer mit mindestens einer Gemüsesorte als Zutat.

APFEL & BROKKOLI

Eine bestechende und auch bestechend gesunde Mischung, mehr Brokkoli sollten Sie aber nicht verwenden, sonst wird der Saft schnell bitter. Die grünen Röschen enthalten viel Vitamin C, Kalzium und Magnesium.

5 große, eher saure Äpfel, z. B. Granny Smith
85 g Brokkoli
1 Zitrone
Apfelschnitze zum Servieren
Eiswürfel nach Belieben

Die Äpfel und den Brokkoli entsaften. Die Zitrone filetieren und mitentsaften oder in der Handpresse auspressen und den Saft später einrühren. Den Saft auf zwei Gläser verteilen und am besten mit einigen Eiswürfeln servieren. Mit Apfelschnitzen dekorieren.

GRÜNKOHL & GURKE

Manche Säfte sind unverschämt grün und gesund, dieser hier ist so einer. Er enthält reichlich Vitamin C und sekundäre Pflanzenstoffe, dazu den frischen Geschmack von Gurke, die gleichzeitig noch viel Flüssigkeit liefert.

9 Grünkohlblätter
1 Bio-Gurke
2 Petersilienstängel
1 ½ Äpfel
1 Grapefruit
1 ½ Zitronen

Alle Zutaten entsaften, auf zwei Gläser verteilen und das gute Grün sofort genießen.

Sellerie, Gurke & Maracuja

Maracuja enthält zwar nicht so viele Vitamine wie andere Früchte, dafür unterstützt sie mit Magnesium Nerven und Muskulatur. Mit der Menge an Flüssigkeit aus der Gurke ein super Saft für SportlerInnen!

2 Selleriestangen
1 Bio-Gurke
2 Maracujas
2 Handvoll Spinat
1 Apfel

Alle Zutaten entsaften und zum Servieren auf zwei Gläser verteilen.

Karotte, Pastinake & Sellerie

Magnesium, hier in Petersilie und Sellerie enthalten, wirkt beruhigend. Perfekt vor dem ersten Date ... wäre da nicht der Knoblauch! Aber der ist immerhin bekannt für seine antibakterielle, antibiotische und antiseptische Wirkung.

3 Karotten
3 Pastinaken
3 Selleriestangen
300 g Süßkartoffeln
1 Knoblauchzehe nach Belieben
1 Petersilienstängel
Zitronensaft zum Abschmecken
Eiswürfel nach Belieben

Alle Zutaten entsaften. Zum Servieren auf zwei Gläser verteilen und mit Zitronensaft abschmecken, dann einige Eiswürfel hineingeben.

600 ML

WASSER? MELONE!

Eine Wassermelone auch noch zu entsaften, mag erstmal komisch erscheinen – aber es lohnt sich für diesen fruchtigen Mix.

¼ kernlose Wassermelone
¼ Ananas
10 Erdbeeren
75 g Heidelbeeren
½ Zitrone

Die Wassermelone, die Ananas, die Erdbeeren und die Heidelbeeren entsaften und mit Zitronensaft abschmecken. Den Saft auf zwei Gläser verteilen und fruchtig-bunt in den Tag starten.

WASSERMELONE & CRANBERRY

Frische Cranberrys bekommt man nur selten, aber wenn sie im Supermarkt liegen, sollte man sie sich unbedingt schnappen. Sie enthalten jede Menge sekundäre Pflanzenstoffe, die so genannten Proanthocyanidine, die die Keime in den Harnwegen in Schach halten. Wer mag, entsaftet noch ein paar Brennnesselblätter mit, denn die wirken harntreibend und schwemmen die ungebetenen Keime aus.

¼ kernlose Wassermelone
400 g Cranberrys
2 Bio-Gurken
Brennnesselblätter nach Belieben
Eiswürfel nach Belieben

Alle Zutaten entsaften, dazu die Gurke nicht schälen. Auf zwei Gläser verteilen und nach Belieben mit Eiswürfeln servieren.

FENCHEL & KOKOS

Zwickt es im Bauch, ist dieser Saft genau das Richtige: Kurkuma, Fenchel und Ingwer lindern Beschwerden im Magen-Darm-Trakt und helfen z. B. gegen Völlegefühl, die Ananas regt die Verdauung zusätzlich an.

½ Fenchelknolle
3 Ananasscheiben
2 cm Ingwer
1 Zitrone
300 ml Kokoswasser
2 EL Honig oder Agavendicksaft
1 TL Kurkuma
½ TL Zimt

Den Fenchel, die Ananas, die Zitrone und den Ingwer entsaften und den Saft gründlich mit dem Kokoswasser verrühren. Dann Honig oder Agavendicksaft, Kurkuma und Zimt einrühren.

ANANAS & BROMBEERE

Von dunklen Beeren kann man nie zu viel bekommen, sie ersetzen die teure Anti-Falten-Creme und schmecken deutlich besser.

½ Ananas
400 g Brombeeren
2 Kiwis
2 nicht zu reife Birnen
gefrorene Brombeeren zum Servieren

Alle Zutaten entsaften und zum Servieren auf zwei Gläser verteilen. Mit einigen gefrorenen Brombeeren servieren.

FRESH Finest FRUITS
QUALITY
36lbs.

Apfel, Rote Bete & Holunder

Holunder enthält Vitamin C und B2, vor allem aber sekundäre Pflanzenstoffe. Üblicherweise entsaftet man ihn heiß, dabei gehen allerdings Vitamine verloren, wer also keine frischen Holunderbeeren zur Hand hat, sollte versuchen, kaltgepressten Holunderbeerensaft zu bekommen.

1 ½ Äpfel
1 ½ große Rote-Bete-Knollen
5 Karotten
1 Limette
1 cm Ingwer
50 ml Holunderbeerensaft
oder 2 Handvoll Holunderbeeren
1 Handvoll Minzeblätter

Äpfel, Rote Bete, Karotten, Limette und Ingwer entsaften. Den Saft mit dem Holunderbeerensaft verrühren, auf zwei Gläser verteilen und die Minzeblätter einrühren.

Gurke, Apfel & Ingwer

Sellerie ist der Geheimtipp für den Sommer: Er versorgt den Körper mit Flüssigkeit und Elektrolyten, sein Saft eignet sich daher als Getränk nach dem Sport.

½ Bio-Gurke
1 Apfel
2 cm Ingwer
3 Selleriestangen
Gurkenspalten zum Servieren

Alle Zutaten entsaften, dabei die Gurke nicht schälen. Den Saft auf zwei Gläser verteilen, Gurkenspalten zum Umrühren hineinstellen und Prost!

ZITRUS IST ALLES!

Alle Sinne weit auf für dieses erfrischende Gefühl im Mund: Dafür sorgen die Vitamin-C-bombigen Zitrusfrüchte in der Kombination mit kühlender Minze. Schade, dass es gute Mandarinen im Hochsommer kaum gibt und wir uns diesen Drink für die Zitrusfrüchte-Jahreszeit aufheben müssen.

3 Orangen
2 Mandarinen
½ Zitrone
frische Minzeblätter zum Servieren
Eiswürfel nach Belieben

Die Zitrusfrüchte schälen und entsaften. Die Minzeblätter auf zwei Gläser verteilen und mit dem Saft aufgießen.

APFEL, GRAPEFRUIT & HIMBEEREN

Besser kann der Morgen gar nicht starten: Der tägliche Apfel ist schon mal drin in diesem Saft, der Ihren Motor richtig anwirft. Er schmeckt auch hervorragend auf Eis, aber für den Morgen-Magen ist er kalt genug, wenn das Obst aus dem Kühlschrank kommt.

2 große, eher süße Äpfel, z. B. Pink Lady
1 große rosa Grapefruit
170 g Himbeeren
Minze oder Basilikum zum Servieren

Die Segmente aus der Grapefruit lösen, möglichst wenig weiße Haut dranlassen. Zuerst die Grapefruit, dann die übrigen Zutaten entsaften. Einmal umrühren und auf zwei Gläser verteilen, mit Minze oder Basilikum aufpeppen.

essie
Pink Lady
#4128

ROTKOHL & BALSAMICO

Fenster auf! Rotkohl riecht beim Entsaften recht stark. Wer aber weiß, dass dieser bittere Kohlgeruch vom Sulfur herrührt, das antikanzerogen ist, dem ist das ab jetzt egal.

150 g Rotkohl
5 süße rote Äpfel
2 EL Balsamico,
am besten einen alten (12 Jahre),
richtig dickflüssigen

Den Rotkohl und die Äpfel entsaften. Auf zwei Gläser verteilen und je 1 EL Balsamico unterrühren.

ROTKOHL & MANGOLD

Noch mehr Rotkohl gefällig? Denn er kann noch mehr: Mit seinen Ballaststoffen, Vitamin C und Mineralstoffen stärkt er das Immunsystem und soll cholesterinsenkend wirken.

200 g Rotkohl
10 Mangoldblätter
(alternativ 2 Handvoll Spinat)
4 Äpfel
3 Karotten
2 cm Ingwer
Saft von ½ Zitrone

Alle Zutaten bis auf den Zitronensaft entsaften. Die halbe Zitrone auspressen und den Saft damit abschmecken.

GRAPEFRUIT & JOHANNIS-BEERE

Ein erfrischender, beruhigender Saft mit gleich zwei Sorten Johannisbeeren, für alle, die es schaffen, die leckeren schwarzen Johannisbeeren nicht schon vor dem Entsaften aufzuessen.

1 Grapefruit
400 g rote Johannisbeeren
200 g schwarze Johannisbeeren
2 Äpfel
Sprudelwasser nach Belieben

Alle Zutaten entsaften und auf zwei Gläser verteilen. Nach Belieben mit Sprudelwasser aufgießen, denn dieser Saft schmeckt als Schorle besonders gut.

SELLERIE, FENCHEL & ANANAS

Sellerie und Fenchel unterstützen den Körper bei der Verwertung von Magnesium und enthalten nervenberuhigendes Kalzium. Ein Stresskiller, wenn der blutdrucksenkende Saft aus Johannisbeeren (links) zu schwach war.

5 Selleriestangen
½ Fenchelknolle
½ Ananas
300 g Romanasalat
6 Eiswürfel
Minze oder gehackter Estragon zum Servieren

Sellerie, Fenchel, Ananas und Salat entsaften, dann mit den Eiswürfeln im Mixer pürieren. Auf zwei Gläser verteilen und mit etwas Minze oder Estragon bestreuen.

Karotte, Rote Bete & Beeren

Haben Sie das Gefühl, Sie werden ganz grau von Stadtluft und Abgasen? Mit der knalligen Farbe dieses Saftes wird Ihnen gleich bunter werden, vor allem aber ist er reich an Antioxidantien, um die freien Radikale zu bekämpfen.

2 Bio-Orangen
6 Karotten
2 Rote-Bete-Knollen
350 g Erdbeeren
Eiswürfel

Eine der Orangen gut waschen, trocken rubbeln und mit dem Sparschäler dünne Streifen von der Schale abschälen. Zum Garnieren beiseitelegen. Die Orangen, Karotten und Rote Bete entsaften. Die Erdbeeren mit dem Saft und einer Handvoll Eiswürfel in den Mixer geben und pürieren. Püree und Saft auf zwei Gläser verteilen und mit Orangenschale garnieren.

Trauben, Pflaume & Rote Bete

Fifty Shades of Red gefällig? Noch ein roter, antioxidativer Saft mit mächtig Wirkung auf Ihr Stresslevel, denn das in der Roten Bete enthaltene Nitrat senkt den Blutdruck innerhalb kurzer Zeit. Rote Bete enthält auch Bor, das aphrodisierend wirkt. Na dann, fifty shades of …

300 g rote Trauben, am liebsten kernlos
1 große Rote-Bete-Knolle
6 Pflaumen

Alle Zutaten entsaften und auf zwei Gläser verteilen.

ANANAS & SPINAT

Mittlerweile ist bekannt, dass der Mythos, Spinat enthalte viel Eisen, auf einen Kommafehler zurückgeht. Mit den Vitaminen und Mineralstoffen aus Ananas und Apfel ist dieser Saft aber gut fürs Immunsystem und die Nerven.

½ Ananas
250 g Spinat
2 Äpfel
Zitronensaft zum Abschmecken

Alle Zutaten entsaften, den Saft mit Zitronensaft abschmecken und auf zwei Gläser verteilen. Schmeckt auch gut auf Eis serviert.

MELONE & FELDSALAT

Zuckersüße Honigmelonen enthalten, na klar, relativ viel Fruchtzucker, mit dem Genuss sollte man es da nicht übertreiben. Aber sie bringen auch genug Vitamine mit!

½ Honigmelone
300 g Feldsalat
Zimt und Muskat zum Abschmecken
Eiswürfel nach Belieben

Alle Zutaten entsaften und den Saft mit Zimt und Muskat abschmecken. Nach Belieben auf Eis servieren.

FRUITS
UALITY
36lbs.

Birne & Pastinake

Geben Sie der Pastinake eine Chance, in der Kombination mit Birne und Ingwer ist sie sehr erfrischend.

2 Pastinaken
2 cm Ingwer
2 große Birnen
250 ml Sprudelwasser

Zuerst die Pastinaken mit dem Ingwer entsaften, dann die Birne entsaften und den Saft gut verrühren. Auf zwei Gläser verteilen und mit Sprudelwasser aufgießen.

Birne & Fenchel

Ein Traumpaar für den Bauch, denn Fenchel und Birne sind gut für die Verdauung und entgiften den Darm. Gerade bei Birnen sollte man darauf achten, keine überreifen Exemplare zu entsaften. Das macht den Saft faulig-süß und sämig.

3 Birnen
1 große Fenchelknolle
1 großer Bund Wasserkresse
1 cm Ingwer
1 Zitrone

Alle Zutaten entsaften, etwas von der Kresse als Deko beiseitelegen. Den Saft auf zwei Gläser verteilen und mit Wasserkresse dekorieren.

Brokkoli & Birne

Brokkoli = Beauty, das kann man sich merken: Kalzium und andere Mineralstoffe sowie seine Vitamine sind gut für Haare, Zähne und Knochen, machen also von außen schön und von innen gesund.

150 g Brokkoli
3 Birnen
3 Äpfel
200 g Sojasprossen
Eiswürfel zum Servieren

Alle Zutaten entsaften und auf Eis servieren. Falls der Entsafter die Sojasprossen nicht gut entsaftet, diese nachträglich im Mixer mit dem Saft pürieren.

→ Schmeckt auch hervorragend als Slush – dazu für ca. 20 Minuten in die Eismaschine geben oder in einer flachen Box im Tiefkühler 2 Stunden gefrieren und dabei ab und zu umrühren.

Pflaume, Paprika & Fenchel

Eine ganz bunte Mischung für einen Multivitaminsaft, wie Sie ihn noch nie probiert haben. „Was ist da drin, das ist doch … ne … hm … hä?“, fragten die Testtrinker, und wären nie auf die Paprika gekommen. Perfekt, um den Kids das Gemüse unterzujubeln.

4 dunkle Pflaumen
1 gelbe Paprika
½ Fenchelknolle
2 Birnen
2 Äpfel
2 Karotten

Alle Zutaten entsaften, den Saft auf zwei Gläser verteilen und servieren.

FINEST
HAIR
TONIC
W. MILLER & SON
BYREDO
BLANCHE
LAIT POUR LE CORPS
BODY LOTION
DAILY
VITAMIN
DOSE
house doctor

Sellerie & Grapefruit

Wenn Sie mit dem Papaya-Himbeer-Saft von rechts Energie getankt haben, können Sie sich jetzt um die äußere Schönheit kümmern. Mit diesem Saft sagen wir den freien Radikalen den Kampf an und bauen das Bindegewebe mit viel Vitamin C auf. Besser als jede Cellulite-Creme!

4 Selleriestangen
1 rosa Grapefruit
1 Birne
2 Äpfel
2 Ananasscheiben
Minzeblätter zum Servieren

Alle Zutaten bis auf die Minzeblätter entsaften und auf zwei Gläser verteilen. Die Minzeblätter hineingeben, umrühren und servieren.

Papaya & Himbeeren

Nach einer Erkältung baut dieser Saft Ihre Kräftereserven wieder auf und schützt das Immunsystem vor der nächsten Erkältungswelle.

1 Papaya (ca. 500 g)
400 g Himbeeren
3 Grapefruits
1 Limette

Papaya, Himbeeren und Grapefruits in den Entsafter geben und entsaften. Mit der Handpresse die Limette auspressen und den Papaya-Himbeersaft mit Limettensaft abschmecken.

KIWI & GRANATAPFEL

Natürlich ist dieser Saft gesund und vitaminreich. Vor allem macht er mit seinen roten Tupfen aber richtig gute Laune!

1 Bio-Gurke
7 Kiwis
4 EL Granatapfelkerne

Die Gurke waschen, aber nicht schälen. Kiwis und Gurke entsaften. Den Saft in Gläser füllen und die Granatapfelkerne einrühren, einige an den Glasrand schieben, damit der Saft lustig getupft wird.

→ Ein Strohhalm mit Löffelende ist für diesen Saft perfekt, dann erwischt man auch die Granatapfelkerne.

BROMBEERE, MELONE & KIWI

Smoothies mit Brombeeren werden leider wegen der kleinen Kerne nicht ganz so smooth – daher entsaften wir sie lieber. Sie liefern wertvolle Antioxidantien und sind ein natürliches Anti-Aging-Programm.

250 g frische Brombeeren
½ Honigmelone
5 Kiwis
gefrorene Brombeeren zum Servieren
Crushed Ice

Die frischen Brombeeren, Melone und Kiwis entsaften. Den Saft auf etwas Crushed Ice servieren und die gefrorenen Brombeeren darüberstreuen.

Ananas
salat
TRAUBE
7DL
6DL
5DL
4DL
3DL
2DL
1DL

ANANAS, TRAUBEN & GRÜNZEUG

Kopfsalat und Sellerie wirken entspannend, die Trauben helfen den Zellen bei der Regeneration. Sie reagieren aber empfindlich auf Sauerstoff, daher diesen Saft immer frisch gepresst trinken.

½ Ananas
375 g Weintrauben
150 g Kopfsalat
3 Selleriestangen

Alle Zutaten entsaften, auf zwei Gläser verteilen und sofort trinken.

APFEL, SALAT & KOHL

Grünkohl ist ein Hype – und das zu Recht! Antioxidativ, antimikrobiell, gut für die Schilddrüse und dann unterstützt er sogar noch die Produktion des Glückshormons Serotonin. Langer Rede kurzer Sinn: Grünkohlsaft trinken!

4 Äpfel
3 Romanasalatblätter
5 Grünkohlblätter
1 cm Ingwer
1 Zitrone

Die Äpfel, den Salat, den Kohl und den Ingwer entsaften. Die Zitrone filetieren und mitentsaften oder in der Handpresse auspressen und den Saft später einrühren. Auf zwei Gläser verteilen und servieren.

APFEL, BASILIKUM & LIMETTE

Basilikum enthält Enzyme, die auch in entzündungshemmenden Medikamenten enthalten sind. Das nächste Mal also zuerst zum Pflänzchen auf der Fensterbank statt zum Medikamentenschrank laufen.

4 süße Äpfel, z. B. Gala
100 g frischer Basilikum, Blätter und Stiele
1 Limette

Alle Zutaten entsaften und zum Servieren auf zwei Gläser verteilen.

HEIDELBEERE, ERDBEERE & KIWI

Die Pflanzenstoffe, die den Heidelbeeren ihre dunkle Farbe geben, wirken wie ein Anti-Aging-Programm für die Haut und polstern sie gemeinsam mit dem enthaltenen Vitamin C auf. Für gesunde rosige Wangen!

500 g Heidelbeeren
20 Erdbeeren
3 Kiwis
1 Bund Minze

Zwei Minzestängel als Deko beiseitelegen. Alle Zutaten entsaften, den Saft auf zwei Gläser verteilen und mit der Minze servieren.

Lemke & Co.
Berlin SW. 29

WURZEL-GEMÜSE & APFEL

Wunderknollen könnte man die gehaltvollen, herrlich knalligen Rote-Bete-Knollen auch nennen. Mit ihrem Betain können sie etwas ganz Besonderes: Sie unterstützen die Bildung der Mitochondrien, der Kraftwerke in unseren Zellen, machen deswegen leistungsfähig und halten jung.

½ Sellerieknolle

2 Rote-Bete-Knollen

6 Karotten

2 cm Ingwer

2 Äpfel

Zitronensaft zum Abschmecken

Den Sellerie, die Rote Bete, die Karotten und den Ingwer schälen und würfeln. Alle Zutaten entsaften und nach Belieben mit dem Zitronensaft abschmecken.

ROSENKOHL, SPROSSEN & APFEL

Gesundes, kräftiges Haar ist leider oft von den Genen abhängig. Rosenkohl und Ingwer sollen aber dem Haarwachstum ein wenig auf die Sprünge helfen. Den Rosenkohl vorsichtig dosieren, sonst wird's kohlig!

½ Bio-Gurke

400 g Alfalfasprossen

4 Rosenkohlköpfchen

1 Karotte

3 rote Äpfel

2 cm Ingwer

Eiswürfel

Alle Zutaten entsaften, dazu die Gurke nicht schälen. Auf zwei Gläser verteilen und servieren, nach Belieben mit etwas Eis.

BERRY
SALAD
MANGO

START
THE DAY WITH
A SMILE -
AND A SMOOTHIE

MULTI-VITAMIN

Los geht's! Ihr Körper wird Ihnen diese Vitaminvielfalt danken und mit der Banane heben wir die Stimmung.

1 Banane

1 Ananasscheibe

½ Apfel

Saft von 1 Limette

1 Grapefruit

2 Orangen

40 g Spinat

1 TL Chlorellapulver nach Belieben

Das Obst in den Mixer füllen, danach den Spinat. Einmal kräftig mixen. Wenn der Smoothie schön weich ist, nach Belieben Chlorellapulver hineingeben und den Mixer noch einmal wenige Sekunden mixen lassen, damit es sich gut verteilt. Ist der Smoothie noch zu fest, etwas Wasser einmixen.

BIRNE & PETERSILIE

Ein leichter Start in den Tag mit den Detox-Kräften [illegible] Birne. Petersilie unterstützt die entgiftende Wirkung, indem sie die Nieren- und Blasentätigkeit fördert.

2 Birnen

15 g Petersilie

1 Banane

1 TL Ingwerpulver

300 ml Kokoswasser

Alle Zutaten in den Mixer geben und pürieren, ist der Smoothie noch zu fest, etwas mehr Kokoswasser einmixen.

450ML
300ML

AVOCADO, ANANAS & SALAT

Ein Smoothie mit ganz schön vielen „A"s im Namen. Vor allem die Avocado punktet mit wertvollen Fettsäuren, die sich positiv auf Herz und Nerven auswirken. Ganz nebenbei sorgen Vitamin E und Betacarotin für einen unschlagbar frischen Teint.

1 Avocado

Saft von ½ Zitrone

2 Ananasscheiben

200 g Eisbergsalat

1 Msp. Ingwerpulver

Alle Zutaten mit 150 ml Wasser in den Mixer geben und pürieren, ist der Smoothie noch zu fest, etwas Wasser einmixen.

NEKTARINE & GRAPEFRUIT

Die Grapefruit gehört zu den gesündesten Früchten überhaupt. Ihre Bitterstoffe regen die Verdauung an und sorgen für ein lang anhaltendes Sättigungsgefühl. Daher einfach öfter genießen!

1 Grapefruit

4 Nektarinen

2 Bananen

Kokoswasser oder Wasser

Die Grapefruit mit der Handpresse auspressen und den Saft in den Mixer geben. Mit Nektarinen und Bananen pürieren. Ist der Smoothie noch zu fest, etwas Wasser oder Kokoswasser einmixen.

→ Hier werden die Nektarinen mit Schale verarbeitet, denn saftig-reife Nektarinen lassen sich kaum schälen. Die Nektarinenschale wird sich auch beim Mixen nicht vollständig auflösen – das sorgt für Farbtupfer im Smoothie.

ROTE BETE & KAROTTE

Die Rote Bete für diesen Smoothie ist vorgekocht, damit er cremiger wird. Ein gutes Mittagessen, bei dem man nicht das Gefühl hat, eine Mahlzeit verpasst zu haben.

3 Rote-Bete-Knollen, vorgegart
200 ml Karottensaft
2 TL Honig oder Aganvendicksaft
2 TL Olivenöl
Salz und Pfeffer

Die Rote Bete mit dem Karottensaft, dem Honig oder Agavendicksaft und dem Olivenöl im Mixer pürieren und mit Salz und Pfeffer abschmecken. Ist der Smoothie noch zu fest, etwas Wasser einmixen.

KAROTTE & GEWÜRZE

Betacarotin ist eine Vorstufe des Vitamin A und wichtiges Antioxidans zum Schutz vor freien Radikalen. Es kann aus blanchierten Karotten viel besser verwertet werden, daher ausnahmsweise mal keine Rohkost.

2 Karotten....2 Orangen....3 cm Ingwer....
1 EL Ahornsirup....¼ Bund Koriander....
½ EL Weizenkeimöl....Saft von ½ Limette....
1 gute Prise Salz....½ Msp. Cayennepfeffer

Die Karotten schälen und in Salzwasser ca. 10 Minuten schonend dünsten. Abtropfen und abkühlen lassen. Die Orangen auspressen. Die Karotten mit den übrigen Zutaten pürieren und mit Salz, Pfeffer und Limettensaft abschmecken. Ist der Smoothie noch zu fest, etwas Wasser einmixen.

→ Keine Lust auf Karottenkochen? Die Karotten fein reiben oder einen guten Karottensaft hinzufügen.

Ball
MASON

BACKPFLAUME & BIRNE

Der süße Sattmacher wirkt sich positiv auf die Verdauung aus und macht mit Kardamom dabei noch richtig gute Laune.

6 weiche getrocknete Pflaumen (ohne Stein)
2 reife Birnen
2 Orangen
je 2 Prisen gemahlener Zimt und Kardamom

Das Obst pürieren, vorher von der Orange möglichst viel der weißen Haut entfernen. Ist der Smoothie noch zu fest, etwas Wasser einmixen. Zum Servieren auf zwei Gläser verteilen, mit Zimt und Kardamom abschmecken und sofort trinken.

PFIRSICH & HIMBEERE

Himmlische Himbeeren und saftige Pfirsiche sorgen für ein gesundes Knochengerüst.

2 Pfirsiche oder 3 Weinbergpfirsiche
125 g Himbeeren
2 Orangen
Grüner Tee oder Wasser

Das Obst pürieren, dazu von der Orange möglichst viel der weißen Haut entfernen. Alles gut mixen, bis auch die Pfirsichhaut gründlich zerkleinert ist. Ist der Smoothie noch zu fest, etwas Wasser einmixen.

→ Schmeckt auch als Shake mit 125 g Natur- oder Sojajoghurt!

Preiselbeere & Orange

Schon bevor der Hype um die Superfoods losging, war Leinsamen bekannt und beliebt. Er quillt im Magen etwas auf und regt die Verdauung an.

3 Orangen
4 EL Leinsamen
75 g Cashewkerne
75 g Preiselbeeren
1 Spritzer Zitronensaft

Eine der Orangen auspressen und Leinsamen und Cashewkerne im Saft 10 Minuten einweichen. Die übrigen Orangen schälen, möglichst viel von der weißen Haut entfernen. Dann alle Zutaten in den Mixer geben und pürieren. Ist der Smoothie noch zu fest, etwas Wasser einmixen. Mit Zitronensaft abschmecken und mit Leinsamen bestreuen.

Mango & Maracuja

Das Maracujafruchtfleisch kann bedenkenlos mit den Kernen in den Mixer: So liefert es neben dem tollen Geschmack auch noch Ballaststoffe. Und kann irgendetwas besser schmecken als die Kombination aus Mango und Maracuja?

½ Mango
4 Maracujas
1 Orange
2 Äpfel
1 Banane
grüner Tee oder Wasser

Alle Zutaten im Mixer pürieren und, falls der Smoothie noch zu fest ist, etwas Wasser oder Tee einmixen.

OGUE
BEAUTY
ERNÄHRUNG
ESUNDHEIT

KAROTTE, TRAUBE & GOJI

Gojibeeren stärken das Immunsystem durch ihren hohen Gehalt an Vitamin C. Im Team mit Karotte und Traube sorgt diese Superzutat für den Energiekick am Nachmittag.

2 EL Gojibeeren
2 große Karotten
20 weiße Weintrauben
2 Äpfel
350 ml grüner Tee oder Wasser
1 TL Leinsamenöl

Die Gojibeeren 10 Minuten in grünem Tee oder Wasser einweichen. Dann alle Zutaten mit dem Einweichwasser in den Mixer geben und pürieren. Ist der Smoothie noch zu fest, etwas mehr Tee oder Wasser einmixen.

HEIDELBEERE, PAPAYA & WALNUSS

Walnüsse enthalten die wertvollen Omega-3-Fettsäuren, schon 30 g decken den Tagesbedarf. Wer es ganz genau wissen will, wiegt für diesen Smoothie also die Nüsse ab. Alle anderen genießen einfach.

10 Walnüsse
1 Limette
4 EL Leinsamen
150 g Heidelbeeren
200 g Papaya
1 Banane

Die Walnüsse grob hacken, den Saft der Limette auspressen. Leinsamen und Walnüsse 10 Minuten im Limettensaft einweichen. Alle Zutaten in den Mixer geben und pürieren. Ist der Smoothie noch zu fest, etwas Wasser einmixen.

KUMQUAT, SPINAT & CHIA

Da die Schale von Kumquats immer unbehandelt ist, kann man sie sorgenfrei in jeden Smoothie werfen. Kumquats sollen gegen Husten helfen.

2 EL Chiasamen
200 ml Apfelsaft
2 Kumquats
1 Apfel
1 Banane
500 g Spinat
½ Avocado
5 Datteln
30 g Cashewkerne

Die Chiasamen 10 Minuten in ca. 50 ml Apfelsaft einweichen. Alle Zutaten in den Mixer geben und mixen. Ist der Smoothie noch zu fest, noch etwas Apfelsaft einmixen.

GURKE, ANANAS & PETERSILIE

Wer sich gesund UND schön trinken will, liegt mit diesem Detox-Smoothie mit dem gewissen hautstraffenden Extra an Vitamin C genau richtig.

1 cm Ingwer
2 Zitronen
½ Bio-Gurke
½ Bund Petersilie
350 g gefrorene Ananaswürfel
(oder ca. ½ frische Ananas)

Den Ingwer schälen und fein reiben. Die Filets aus den Zitronen schneiden und mit allen anderen Zutaten (die Gurke mit Schale verarbeiten) im Mixer zu einem Smoothie pürieren. Ist der Smoothie noch zu fest, etwas Wasser einmixen.

BROKKOLI & OBST

Brokkoli ist recht bitter und sollte daher sparsam verwendet werden. Am besten tastet man sich Röschen für Röschen zum richtigen Geschmack vor.

5 kleine Brokkoliröschen
2 eher saure Äpfel, z. B. Granny Smith
400 g helle kernlose Weintrauben, gefroren
2 EL Leinsamen
1 EL Honig oder Agavendicksaft
1 TL Olivenöl

Alle Zutaten in den Mixer geben und pürieren. Ist der Smoothie noch zu fest, etwas Wasser einmixen. Zum Servieren auf zwei Gläser verteilen.

DREIMAL PAPRIKA

Ein gesunder Gemüse-Smoothie, auch wenn es kein klassischer grüner ist. Mit Paprika lassen sich Infektionen abwehren. Bei einem Anflug von Sommergrippe also gleich mal eine ganze Ampel davon kaufen.

300 g rote Paprika
300 g gelbe Paprika
300 g grüne Paprika
1 Orange
1 TL Leinsamenöl
Minzeblätter und Crushed Ice zum Servieren

Die Paprika entkernen und vierteln, aus der Orange die Filets herauslösen. Paprika, Orangenfilets und Leinsamenöl in den Mixer geben und gründlich pürieren, bis auch die Häute der Paprika gut zerkleinert sind. Ist der Smoothie noch zu fest, etwas Wasser einmixen. Auf Eis mit Minzeblättern servieren.

Maracuja & Sellerie

Ein bisschen Gemüse macht Frucht-Smoothies nicht nur gesünder, sondern verleiht ihnen geschmackliche Tiefe. Daher hat hier der Sellerie seinen erfrischenden Auftritt.

2 Maracujas
1 Orange
1 Kiwi
2 Selleriestangen
75 ml Ananassaft
Ahornsirup zum Abschmecken

Das Fruchtfleisch aus den Maracujas löffeln. Wer die Kerne nicht mit pürieren mag, streicht das Fruchtfleisch noch durch ein Sieb. Orangen- und Maracujafruchtfleisch, Kiwi und Sellerie mit dem Ananassaft in den Mixer geben und pürieren. Ist der Smoothie noch zu fest, etwas mehr Saft oder Wasser zugeben. Den Smoothie mit Ahornsirup abschmecken und zum Servieren auf zwei Gläser verteilen.

Karotte, Tomate & Curry

Dieser Smoothie besticht durch orientalische Gewürze und milde Schärfe und ist herzhaft genug, um das Mittagessen zu ersetzen. Den Tabasco sollte man nicht überdosieren, denn Curry, Ingwer und Rucola bringen eigene Schärfe mit.

4 Eiswürfel....400 ml Karottensaft....
3 Tomaten....1 Handvoll Spinat....
1 Handvoll Rucola....2 EL Mandelmus....
1 cm Ingwer....je 1 Prise Zimt....
je 1 Prise Currypulver .... 1 Spritzer Tabasco

Zuerst die Eiswürfel, dann alle anderen Zutaten in den Mixer geben und zunächst mit der Pulse-Funktion zerkleinern, dann auf hoher Stufe pürieren. Ist der Smoothie noch zu fest, etwas Wasser einmixen. Auf zwei Gläser verteilen und mit etwas Zimt und Currypulver bestreut servieren.

curry

MANGO, BANANE & BEEREN

Sie brauchen volle Konzentration und wollen dabei noch gute Laune haben? Für diese himmlische Kombination mixt man Bananen und Erdbeeren.

½ Mango
1 Banane
200 g Erdbeeren
100 g Heidelbeeren
100 g Himbeeren
250 ml Orangensaft

Alle Zutaten in den Mixer geben und pürieren. Ist der Smoothie noch zu fest, etwas mehr Orangensaft einmixen.

APRIKOSE & MANDEL

Aprikosen können bei leichten Kopfschmerzen helfen, in jedem Fall aber sind sie gut für die Nerven und fördern in der Kombination mit Mandeln die Entspannung.

100 g Mandeln
250 ml Orangensaft
6 Aprikosen
6 Eiswürfel

Die Mandeln im Orangensaft 10 Minuten einweichen, dann alle Zutaten in einen Mixer geben und zunächst mit der Pulse-Funktion zerkleinern, dann auf hoher Stufe pürieren. Ist der Smoothie noch zu fest, etwas Wasser einmixen.

KIRSCHE & KOKOS

Die in Kirschen enthaltene Folsäure ist wichtig für die Zellteilung und Blutbildung, vor allem Schwangere sollten auf ausreichende Versorgung achten. Aber braucht es überhaupt Gründe, Kirschen zu vernaschen?

2 Bio-Limetten

300 ml Kirschsaft oder Kirschtee,
doppelt stark aufgebrüht und abgekühlt

1 Banane

2 EL Kokosraspel

Die Limetten heiß waschen und trocken rubbeln. Von ca. ½ Limette die Schale abreiben und beiseitestellen. Von ebenfalls einer Limettenhälfte zwei Scheiben abschneiden und zum Garnieren beiseitelegen. Die Limetten auspressen. Den Kirschsaft mit Limettensaft und der Banane in den Mixer geben und pürieren. Den Smoothie auf zwei Gläser verteilen und jeweils 1 EL Kokosraspel und etwas Limettenabrieb darüberstreuen.

MANGO, AVOCADO & KOKOS

Eine gute Mischung für zarte Haut mit rosigem „glow" und sogar einem Energieschub, wenn man Matchatee untermischt.

1 Mango

1 Avocado

5 Erdbeeren

1 Banane

1 TL Matchapulver nach Belieben

2 TL Kokosraspel als Deko

300 ml Kokoswasser

Alle Zutaten bis auf die Kokosraspel in den Mixer geben und pürieren. Den Smoothie auf zwei Gläser verteilen und mit Kokosraspeln bestreut servieren.

SIROP NATUREL
Garantie Pur Fruit
Cerise
Amarena

Ball
MASON

Erdbeere & Physalis

Liebe Damen, wir wollen es nicht gerne wahrhaben, aber PMS existiert. Die gute Nachricht: Erdbeeren helfen! Meine Herren, Sie dürfen diesen Smoothie trotzdem trinken.

400 g Erdbeeren
10 Physalis
1 eher süßer Apfel, z. B. Golden Delicious

Alle Zutaten in den Mixer geben und zu einem fruchtigen Smoothie mixen. Ist der Smoothie noch zu fest, etwas Wasser einmixen.

→ Im Sommer auf Eis servieren

Kiba mit Nüssen & Samen

Als Smoothie mit Samen und Nüssen liefert der Klassiker aus der Kindheit viel Energie nach dem Work-out oder einem anstrengenden Meeting.

2 EL Samenmischung (z. B. Sonnenblumen- und Kürbiskerne, Leinsamen, Sesam)
8 Walnüsse
250 ml Orangensaft
2 Bananen
20 Kirschen

Die Samen und Nüsse in 125 ml Orangensaft 10 Minuten einweichen lassen. Die Bananen dazugeben und cremig pürieren. In eine Kanne gießen und beiseitestellen. Die Kirschen mit dem übrigen Orangensaft pürieren und Bananen- und Kirschsmoothie zum Servieren in zwei Gläser schichten.

→ Mit 4 EL Naturjoghurt wird dieser Smoothie zum Shake und bekommt einen extra Schub Protein.

GURKE & BROMBEERE

Putzfimmel? Brombeeren reinigen von innen!

250 g Brombeeren

1 Bio-Gurke

200 ml Apfelsaft

1 EL Zitronensaft

Wer die kleinen Kerne der Brombeeren nicht im Smoothie haben möchte, püriert zuerst die Brombeeren und streicht sie dann durch ein Sieb. Brombeeren, Gurke mit Schale, Apfelsaft und Zitronensaft in den Mixer geben und pürieren.

TRAUBEN, GRÜNKOHL & GURKE

Schon 100 g Kohl decken den Tagesbedarf an den Vitaminen A, C und K, außerdem enthält er reichlich Lutein, das die Augen vor altersbedingter Makuladegeneration (AMD) schützt.

30 kernlose grüne Trauben

3 große Grünkohlblätter

1 Bio-Gurke

1 eher saurer Apfel, z. B. Granny Smith

2 getrocknete Datteln

Alle Zutaten mit 100 ml Wasser in den Mixer geben und pürieren.

Ball
MASON

Granatapfel & Minze

Granatapfelkerne kann man wie Maracujakerne sorgenfrei mitmixen, ihre Ballaststoffe bereichern diesen Smoothie.

1 Granatapfel

2 Orangen

1 Maracuja

1 Banane

6 Minzeblätter

1 EL Zitronensaft

Die Granatapfelkerne herausbrechen, 2 EL zum Servieren beiseitestellen. Die Orangen schälen und möglichst viel von der weißen Haut entfernen, das Maracujafruchtfleisch mit Kernen herauslöffeln. Alle Zutaten in den Mixer geben und pürieren, ist der Smoothie noch zu fest, etwas Wasser einmixen. Auf zwei Gläser verteilen und mit den übrigen Granatapfelkernen bestreuen.

Birne, Brombeere & Salat

In diesem Smoothie punktet die Birne mit viel Vitamin C, Folsäure und Kalium. Mit Brombeere und Salat das perfekte Trio für einen Detox-Tag.

1 Birne

15 Brombeeren

5 Romana-Salatblätter

1 Apfel

1 kleine Handvoll Spinat

1 TL Weizenkeimöl

1 Spritzer Zitronensaft

Alle Zutaten in den Mixer geben und pürieren. Ist der Smoothie noch zu fest, etwas Wasser einmixen.

Karotte, Sellerie & Avocado

Wer regelmäßig Avocados isst, erhält sich eine gesunde Leber und durch das in ihnen enthaltene Kalium auch ein gutes Nervensystem.

2 große Karotten
2 cm Ingwer
2 Selleriestangen
1 Avocado
250 ml Apfelsaft

Die Karotte und den Ingwer schälen und reiben. Alle Zutaten in den Mixer geben und pürieren. Ist der Smoothie noch zu fest, etwas Wasser einmixen.

Papaya, Feige & Wirsing

Frische Feigen enthalten mehr Wirkstoffe als getrocknete, deshalb sollte man hier besser frische verwenden. Die Kombination mit Wirsing sorgt für ausreichend Vitamin C und jede Menge Chlorophyll: Energie für den ganzen Tag.

½ Papaya
4 Feigen
3 Wirsingblätter
¼ Honigmelone
Saft von 1 Limette
1 TL Walnussöl

Alle Zutaten in den Mixer geben und mixen. Ist der Smoothie noch zu fest, etwas Wasser einmixen.

PHILIPS
ProBlend 6
P
QUIET
1000
APPROX
800
600
400
50ml
40
30
20
10

KRESSE & GURKE

Kresse wirkt antimikrobiell, ist also so etwas wie ein natürliches Antibiotikum, außerdem ist sie harntreibend und so auch gut für Niere und Blase.

2 Packungen Gartenkresse
1 Bio-Gurke
200 ml Selleriesaft,
alternativ 3 Selleriestangen
1 TL Leinsamenöl
Eiswürfel

Die Kresse abschneiden, waschen und eine kleine Handvoll zur Dekoration beiseitelegen. Alle Zutaten in den Mixer geben und zuerst mit der Pulse-Funktion die Eiswürfel zerkleinern, dann auf hoher Stufe pürieren. Zum Servieren auf zwei Gläser verteilen und etwas Kresse darüberstreuen.

ROTE BETE, ERDBEEREN & INGWER

Erdbeeren enthalten wenige Kalorien, aber mehr Vitamin C als Orangen und Zitronen. Vielleicht wurde ihnen deshalb schon ein Museum gewidmet, das Musée de la Fraise in Belgien.

2 kleine Rote-Bete-Knollen
1 cm Ingwer
400 g Erdbeeren
300 ml Apfelsaft
Honig oder Agavendicksaft zum Abschmecken
Zitronensaft zum Abschmecken

Die Rote Bete und den Ingwer schälen und reiben, damit sie sich besser mixen lassen. Alle Zutaten im Mixer pürieren und den Smoothie mit Honig oder Agavendicksaft und Zitronensaft abschmecken.

GURKE, APFEL & PETERSILIE

An Apple a Day ... schmeckt mit Petersilie mal ganz neu. Beides ist gut für die Mundflora, nach einem knoblauch- oder zwiebelhaltigen Essen wirkt das Chlorophyll der Petersilie wie eine natürliche Mundspülung und sorgt für frischen Atem.

½ Bio-Gurke
2 eher saure Äpfel, z. B. Granny Smith
¼ Bund Petersilie
½ Zitrone
1 Banane
1 TL Leinsamenöl

Alle Zutaten mit 150 ml Wasser im Mixer pürieren. Ist der Smoothie noch zu fest, etwas Wasser einmixen.

WASSER-MELONE & TOMATE

Wenn die Tomaten im Sommer richtig reif und süß sind, passen sie perfekt zur Wassermelone. Man kann daraus, zusammen mit etwas Feta, einen hervorragenden Salat zubereiten. Für den Smoothie sollte man allerdings den Feta weglassen.

2 große, reife Tomaten
1 kleiner Bund Minze
¼ kernlose Wassermelone

Alle Zutaten in den Mixer geben und pürieren. Ist der Smoothie noch zu fest, etwas Wasser einmixen.

STOP
THE WATER
WHILE
USING ME!
ALL NATURAL
LEMON HONEY
SOAP
LICORICE
RVIS

ROTE BETE, AVOCADO & SPINAT

Buntes Gemüse für dunkle Tage – reichlich Vitamin C in Kombination mit gesunden Fettsäuren liefert Energie!

1 große Karotte
2 Rote-Bete-Knollen, vorgegart
2 cm Ingwer
½ Avocado
1 Banane
200 g Spinat oder Grünkohl

Die Karotte, die Rote Bete und den Ingwer schälen und reiben, damit sie sich besser mixen lassen. Alle Zutaten in den Mixer geben und pürieren. Ist der Smoothie noch zu fest, etwas Wasser einmixen und zum Servieren auf zwei Gläser verteilen.

KAROTTE & KAPUZINER-KRESSE

Die in Kresse enthaltenen Glucosinola sollen vor Krebs schützen. Neben Vitamin C, Eisen und Folsäure liefert Kresse auch jede Menge Schärfe. Gerade in den tristen Wintermonaten ein echter Kick fürs Immunsystem.

4 Karotten
2 Orangen
1 Bund Kapuzinerkresse mit Blüten, alternativ Brunnenkresse
1 TL Leinsamenöl
400 ml eiskaltes Sprudelwasser, alternativ stilles Wasser

Die Karotte reiben, damit sie sich besser mixen lässt, die Filets aus den Orangen lösen. Kresse, Karotten, Orangenfilets und Leinsamenöl in den Mixer geben und pürieren. Den Smoothie zum Servieren auf zwei Gläser verteilen und mit eiskaltem Sprudelwasser oder stillem Wasser aufgießen.

BIRNE, ZWETSCHGE & JOHANNIS-BEERE

Zwetschgen punkten in diesem Smoothie mit Vitamin C und Kalium. Sie liefern durch ihren hohen Fruchtzucker-gehalt jede Menge Energie und fördern auf natürliche Weise die Verdauung.

2 Birnen

10 Zwetschgen

100 g Johannisbeeren

Alle Zutaten mit 100 ml Wasser in den Mixer geben, pürieren und zum Servieren auf zwei Gläser verteilen.

MARACUJA & BANANE

Viele Vitamine – aber vor allem ein Geschmack, als wäre man gerade im Urlaub und läge im warmen Sand am Strand. So einfach ist es manchmal.

4 Maracujas

2 Bananen

2 Handvoll weiße Trauben

1 Limette

Alle Zutaten mit 100 ml Wasser in den Mixer geben und pürieren. Ist der Smoothie noch zu fest, etwas mehr Wasser einmixen.

HIMBEERE, ERDBEERE & LITSCHI

Knochenaufbau geht nur mit Milch? Aber nein: Himbeeren und Erdbeeren unterstützen mit ihrem hohen Mangangehalt den Aufbau von Knochen und Knorpeln. Im Winter holt man sich beide Früchte einfach aus dem Tiefkühlfach.

200 g Himbeeren
15 Erdbeeren
5 Litschis
2 Mandarinen oder 1 Orange
60 ml Hagebuttentee, abgekühlt
Limettensaft zum Abschmecken

Alle Zutaten in den Mixer geben und pürieren. Den Smoothie mit Limettensaft abschmecken und zum Servieren auf zwei Gläser verteilen.

ROTE BETE & HIMBEERE

Rote Bete sorgt nicht nur für eine richtig gute Farbe, sondern auch für Ballaststoffe, die den Blutzuckerspiegel regulieren – immer gut in der Kombination mit Obst.

1 kleine Rote-Bete-Knolle
1 Karotte
2 cm Ingwer
200 g Himbeeren
2 Orangen
½ Mango
1 TL Leinsamenöl

Die Rote Bete, die Karotte und den Ingwer schälen und reiben, damit sie sich besser mixen lassen. Alle Zutaten in den Mixer geben und pürieren. Ist der Smoothie noch zu fest, etwas Wasser einmixen.

FRUIT SLUSHIES

Fruit Slushies sind die gesunde Antwort auf zuckriges Granita.
Hier führen drei Wege nach Rom:

- Entweder man püriert gefrorene Früchte und trinkt sie gleich.
- Oder man gefriert die Früchte nach dem Pürieren 20 Minuten in der Eismaschine.
- Oder man püriert die Früchte, steckt sie dann ca. 2 Stunden in den Tiefkühler und rührt ab und zu um.

Zum Servieren können einige Eiswürfel nicht schaden. Welchen Weg Sie auch gehen:

ENJOY!

PAPAYA-SLUSH

1 große gefrorene Papaya

Saft von 1 Limette

ANANAS-SLUSH

1 gefrorene Ananas

Saft von 2 Blutorangen

MANGO-SLUSH

1 gefrorene Mango

1 Handvoll gefrorene Beeren

Saft von 1 Limette

ERDBEER-SLUSH

10 Erdbeeren

2 Pfirsiche

Saft von 1 Orange

I LOVE MILK
for cooking
and drinking
EVERY DAY

DIE MILCH
MACHT'S ...

Birne & Sanddorn

Sanddorn wird wegen seines hohen Vitamin-C-Gehalts auch „Zitrone des Nordens" genannt und hilft bei Erkältungen.

2 Birnen

4 EL Magerquark,

oder eine vegane Alternative (siehe unten)

4 EL Sanddornsirup

1 Orange

2 TL Sesam

Alle Zutaten bis auf den Sesam in den Mixer geben und pürieren. Den Shake auf zwei Gläser verteilen und mit Sesam bestreut servieren.

→ Die vegane Alternative zu Quark: 8 EL Sojajoghurt über Nacht durch einen Kaffeefilter abtropfen lassen, dann ist die Konsistenz ähnlich.

Goji & Kurkuma

Ein würziger Shake mit der Superfrucht Goji, die den Körper mit allerhand Vitaminen und Spurenelementen versorgt.

2 Bananen

200 ml Haselnuss- oder Cashewmilch

1 ½ TL Zimt

1 ½ EL Kokosöl

2 EL Gojibeeren

1 ½ TL Kurkuma

1 Msp. gemahlener schwarzer Pfeffer

Alle Zutaten in den Mixer geben und pürieren. Mit den Gewürzen abschmecken und mit einigen Gojibeeren bestreut servieren.

HEIDELBEERE & HOLUNDER

Hanfmilch enthält die seltene Gamma-Linolensäure, die das Hautbild deutlich verbessern kann, zu festen Nägeln und schönem, vollem Haar verhelfen soll. Also ruhig einmal die üblichen Pflanzenmilchsorten durch Hanfmilch ersetzen!

100 g Heidelbeeren
40 ml Holunderbeerensaft
1 Apfel
1 Banane
1 ½ TL Zimt
300 ml Hanfmilch oder andere Pflanzenmilch
1 ½ EL Honig oder Agavendicksaft nach Belieben

Alle Zutaten in den Mixer geben und nach Belieben mit Honig oder Agavendicksaft abschmecken. Zum Servieren auf zwei Gläser verteilen.

ENDIVIE & PAPAYA

Kefir ist ein Sauermilchgetränk, das bei der Gärung von Milch mit Kefirpilzen entsteht, und ein wahres Wundermittel: Sein Verzehr wirkt sich positiv auf die Darmflora aus und ist damit wiederum gut fürs Immunsystem. Man findet fertigen Kefir im Kühlregal, mit einem Kefirpilz kann man ihn auch selbst züchten.

200 ml Kefir aus Tier- oder Pflanzenmilch
300 g Papaya
4 Endiviensalat-Blätter
5 Eiswürfel
frische Physalis als Deko

Alle Zutaten bis auf die Physalis in den Mixer geben und zunächst mit der Pulse-Funktion zerkleinern, dann auf hoher Stufe mixen. Zum Servieren auf zwei Gläser verteilen und mit Physalis garnieren.

→ Kefir gerinnt leicht. Verwendet man Wasserkefir, kann man frische Physalis auch in den Smoothie mixen.

MANGO & MÜSLI

Der Ausdauer-Shake für anstrengende Zeiten, denn die hochwertigen Kohlenhydrate aus dem Müsli machen lange satt.

2 EL Haferflocken
(am besten die Vollkorn-Variante)
1 Mango
1 Banane
100 g Heidelbeeren
250 ml Apfelsaft
4 EL Natur- oder Sojajoghurt

Alle Zutaten in den Mixer geben und zu einem cremigen Shake mixen.

AVOCADO, BIRNE & MOLKE

Die in Molke enthaltene Milchsäure ist gesund für den Darm. Molke ist reich an Vitaminen und Mineralstoffen, liefert dabei aber nur wenig Kalorien. In Kombination mit Birne bildet sie ein starkes Detox-Duo.

½ Avocado
2 Birnen
400 ml Molke, alternativ Pflanzenmilch
edelsüßes Paprikapulver, Cayennepfeffer,
Zitronensaft und Salz zum Abschmecken

Die Avocado mit Birnen und Molke oder Planzenmilch pürieren. Den Shake mit Paprikapulver, Cayennepfeffer, Zitronensaft und Salz würzig abschmecken.

KAROTTE & ORANGE

Das Betacarotin in der Karotte wird beim Entsaften gut aufgeschlossen und kann durch das Rapsöl bestens vom Körper verwertet werden – für eine lang anhaltende Sommerbräune und gute Augen.

300 ml Karottensaft
1 Orange
1 Grapefruit
100 g Magerquark oder
eine vegane Alternative (siehe S.102)
3 TL Rapsöl

Alle Zutaten in den Mixer geben und pürieren. Zum Servieren auf zwei Gläser verteilen und nach Belieben mit Curry und Koriander abschmecken.

→ Mit den Blättern von zwei Korianderstängeln und 1 TL mildem Currypulver wird dieser Shake aufregend!

TOMATE, GURKE & DILL

Dill, das klassische Gurkengewürz, kann abends die warme Milch mit Honig ersetzen, denn er gilt als Naturheilmittel gegen Schlaflosigkeit.

500 g Kirschtomaten
1 Bio-Gurke
4 Dillstiele
200 ml Kefir oder veganer (Kokos-)Wasserkefir
Chilipulver
Salz
Eiswürfel

Alle Zutaten in den Mixer geben und pürieren. Den Shake mit Salz und Chili abschmecken und zum Servieren auf zwei Gläser verteilen.

→ Eine Gurke mit 200 g (Soja-)Joghurt, einem Schuss Milch und Dill, abgeschmeckt mit Zitronensaft und Wasabi, macht sich auch echt gut im Glas.

Apfel & Banane

Der Geschmack von würzigem Apfelkuchen im Glas – mit Banane und beruhigender Vanille eine Belohnung für jeden stressigen Nachmittag.

350 ml Apfelsaft
1 Banane
200 g Natur- oder Sojajoghurt
75 ml Tier- oder Pflanzenmilch
1 TL Zimt
Mark von ½ Vanilleschote
1 gute Prise Muskat
Ahornsirup zum Süßen nach Belieben

Alle Zutaten bis auf den Ahornsirup in den Mixer geben und zu einem cremigen Shake pürieren. Nach Belieben mit Ahornsirup abschmecken und zum Servieren auf zwei Gläser verteilen.

→ Mit Schuss: Mit Cider statt Apfelsaft bekommt der Shake eine etwas herbere Note und einen kleinen Schuss Alkohol.

Erbse & Apfel

Erbsen halten das Herz gesund und die Energie am Laufen. Wem die rohen Erbsen zu „grün" sind, der blanchiert sie vor dem Mixen kurz in kochendem Wasser.

100 g grüne Erbsen (TK)
½ eher saurer Apfel, z. B. Granny Smith
125 ml Apfelsaft
250 g Natur- oder Sojajoghurt
2 Basilikumstängel
2 Minzestängel
Salz und Pfeffer

Die gefrorenen Erbsen mit dem Apfel und dem Apfelsaft im Mixer pürieren. Den Naturjoghurt, Basilikum und Minze dazugeben und kurz untermixen. Mit Salz und Pfeffer abschmecken und zum Servieren auf zwei Gläser verteilen.

Guaranteed
QUALITY · GOODS
HIGH
STANDARD

Karotte & Papaya

Schlechte Laune? Nimm das! Sonnenblumen- und Kürbiskerne gelten als natürliche Stimmungsaufheller, da dürfen ganz nach Geschmack gerne noch ein paar mehr in diesen Shake.

2 Karotten
½ Papaya
300 g Dickmilch (1,5 % Fett),
alternativ Pflanzenmilch
1 Limette
2 EL Agavendicksaft
2 EL Sonnenblumenkerne
2 EL Kürbiskerne
2 El Sesam
zzgl. Sesam, Sonnenblumen- und Kürbiskerne
zum Bestreuen

Die Karotten reiben, damit sie sich besser mixen lassen. Alle Zutaten in den Mixer geben und pürieren. Den Shake auf zwei Gläser verteilen und mit einigen Kernen bestreuen.

Wassermelone & Pfirsich

Wie Nektarinen und Pflaumen enthalten Pfirsiche sekundäre Pflanzenstoffe, die Entzündungen im Körper entgegenwirken können. Wassermelonen steuern neben reichlich Flüssigkeit noch natürliche Elektrolyte bei. Gegen einen Kater hilft der Shake mit Tomate und Salz von S. 109 aber besser.

¼ kernlose Wassermelone
4 Pfirsiche
350 ml Buttermilch oder
eine vegane Alternative (siehe unten)

Alle Zutaten in den Mixer geben und pürieren. Zum Servieren auf zwei Gläser verteilen.

→ Für eine vegane Alternative mit der typischen Säure von Buttermilch 350 ml Sojamilch mit 1 EL Zitronensaft vermischen und kurz stehen lassen, bis die Milch gerinnt.

BANANE, MANGO & JOGHURT

Denkt man rechtzeitig daran, die Zutaten für diesen Shake einzufrieren, ist er ein eiskalter Genuss. Eine kleine Mahlzeit mit Kalzium und Magnesium aus dem Joghurt und vielen Vitaminen aus den Früchten.

1 große Banane, in gefrorenen Stücken
1 Mango, in gefrorenen Stücken
150 ml Natur- oder Sojajoghurt
300 ml Ananassaft

Die Banane schälen und in grobe Stücke schneiden, die Mango schälen, entkernen und ebenfalls in Stücke schneiden. Beides mindestens 2 Stunden im Tiefkühler gefrieren. Die gefrorenen Bananen- und Mangostücke mit dem Joghurt und dem Ananassaft im Mixer cremig pürieren.

MILCH & DATTEL

Datteln enthalten recht viel Zucker und helfen damit schnell über so manches Tief, dabei liefern sie aber auch gesunde Mineralstoffe. Mit Milch werden sie zum Abendessen und Schlummertrunk für alle, die abends unruhig sind.

5 Datteln ohne Kern
50 g Mandeln
50 g Rosinen
400 ml Tier- oder Cashewmilch
1 Avocado

Die Datteln, Mandeln und Rosinen mit der Milch in den Mixer geben und 10 Minuten einweichen, dann die Avocado dazugeben und alles pürieren.

SNUG.STUDIO

L
F
There are qualms about commercial ads, hate texts or other sensitive content in real-time messages on screen.

GRÜNZEUG & KAFFEE

Warum nicht den Kaffee gleich ins Shake-Frühstück integrieren? So geht's:

200 ml kalter Kaffee
200 ml ungesüßte Mandelmilch
Mark von ½ Vanilleschote
2 EL Haferflocken
5 Romana-Salatblätter
75 g Spinat
1 gefrorene Banane

Kaffee, Mandelmilch, Vanillemark und Haferflocken in den Mixer geben und 5 Minuten einweichen lassen. Alle anderen Zutaten zugeben und mixen, zum Servieren auf zwei Gläser verteilen.

BANANE, HIMBEEREN & HAFER

Mit Haferflocken und Banane startet man fit und energiegeladen in den Tag, die Himbeeren sind dazu ein Highlight, das den Blutzuckerspiegel kaum nach oben treibt – das Vormittagstief ist abgewendet!

150 ml Tier- oder Hafermilch
75 g Haferflocken
1 Banane
1 TL Honig oder Agavendicksaft
200 g gefrorene Himbeeren

Die Milch mit den Haferflocken in den Mixer geben und 5 Minuten einweichen lassen. Die Banane mit den Himbeeren und dem Honig oder Agavendicksaft in den Mixer geben und alles zu einem cremigen Shake mixen.

LASSI

An stressigen Arbeitstagen tut ein Lassi als Zwischenmahlzeit gut, denn der Tiermilch-Joghurt liefert genug Kalzium, um so manchen Sturm zu überstehen. Lassis sind aber auch einfach unglaublich lecker!

Einfach alle eiskalten Zutaten in den Mixer geben und pürieren.

MANGO & GURKE

1 Mango
½ Bio-Gurke
100 g Natur- oder Sojajoghurt
50 ml Tier- oder Pflanzenmilch
5 Eiswürfel
2 Minzezweige zum Servieren

LIMETTE

400 g Natur- oder Sojajoghurt
Saft von 2 Limetten
4 EL Agavendicksaft
2 Prisen Salz

→ Schmeckt auch mit Zitrone statt Limette.

TRAUBE

200 g Trauben
300 g Natur- oder Sojajoghurt
125 ml Tier- oder Pflanzenmilch
1 EL Ahornsirup zum Abschmecken

BANANE, ERDBEERE & TAHIN

Ein Shake mit viel Kalium, also perfekt wenn's körperlich anstrengend wird.

1 Banane

250 g Erdbeeren

200 g Natur- oder Sojajoghurt

4 Eiswürfel

1 EL Tahin (Sesampaste)

Alle Zutaten in den Mixer geben, dabei das Tahin zuletzt in den Mixer füllen. Zunächst mit der Pulse-Funktion zerkleinern, dann pürieren, auf zwei Gläser verteilen und servieren.

PIÑA COLADA

Dieser Kurzurlaub zum Trinken tut zwar nicht ganz so gut wie eine Woche Strand, lässt sich aber leichter in den Alltag integrieren.

400 g Ananas

2 Bananen

200 ml ungesüßte Mandelmilch

100 ml Kokosmilch

Mark von ½ Vanilleschote

2 EL Kokosraspel als Deko

Alle Zutaten in den Mixer geben und pürieren. Mit Kokosmilch abschmecken, auf zwei Gläser verteilen und zum Servieren mit Kokosraspeln bestreuen.

→ Ein kleiner Schluck Rum dazu und hui… dann aber bitte nicht mehr zum Frühstück trinken.

SCHOKO & CHILI

Jetzt wird's schokoladig, und das ganz ohne Zucker und mit gesundem Kakaopulver. Wer mag, kann mit Agavendicksaft süßen, aber das ist gar nicht unbedingt nötig. Für eine vegane Quark-Alternative siehe auch S. 102.

300 ml fettarme Tier- oder Pflanzenmilch

200 g Magerquark oder pürierter Seidentofu

1 Banane

2 EL Rohkakaopulver

½ TL gemahlener Kardamom

4 EL Haferflocken

Chili nach Belieben

Agavendicksaft nach Belieben

Alle Zutaten bis auf Chili und Agavendicksaft im Mixer pürieren. Den Shake vorsichtig mit Chili abschmecken, er soll eine angenehme, nicht zu aufdringliche Schärfe haben. Nach Belieben mit Agavendicksaft süßen und zum Servieren auf zwei Gläser verteilen.

SCHOKO & BEEREN

Beeren, die gleich nach der Ernte tiefgefroren werden, liefern noch immer Vitamine & Co. Die Radikalfänger sind also auch in diesem Shake aktiv.

½ Kokosnuss, alternativ 150 ml Kokosmilch

Mark von ½ Vanilleschote

250 g TK-Beerenmischung

2 EL Rohkakaopulver

1 EL Agavendicksaft

4 Eiswürfel

Dunkle Schokolade (70 %) zum Garnieren

Das weiche Auge der drei Augen einer Kokosnuss einstechen und das Kokoswasser in ein Glas abgießen. Die Kokosnuss halbieren und das Fruchtfleisch herauslösen. Zum Halbieren mittig rundherum mit einem kleinen Hammer entlangklopfen, bis die Kokosnuss bricht. Die Hälfte vom Kokosnussfruchtfleisch, das Kokoswasser und die übrigen Zutaten in den Mixer geben. Zuerst mit der Pulse-Funktion zerkleinern, dann auf hoher Stufe pürieren. Ist der Shake noch zu fest, weitere Eiswürfel dazugeben. Mit Kakao und Agavendicksaft abschmecken, auf zwei Gläser verteilen und Schokoladenraspel darüberreiben.

CREMIGE LIMETTE

Saure Limette passt hervorragend zu weicher Avocado, Banane und Mandelmilch. Hier steckt genug Energie für einen halben Tag drin.

Saft und Abrieb von 1 Bio-Limette

½ Avocado

1 Banane

500 ml Mandelmilch

Mark von ½ Vanilleschote

Honig oder Agavendicksaft zum Abschmecken

Alle Zutaten in den Mixer geben und pürieren. Mit Honig oder Agavendicksaft abschmecken und zum Servieren auf zwei Gläser verteilen.

NEKTARINE & SPINAT

Eine Frischekur für die Zellen, die viel grüner aussieht, als sie schmeckt.

2 Nektarinen

600 g Spinat

300 ml Orangensaft

150 g Natur- oder Sojajoghurt

Alle Zutaten in den Mixer geben und pürieren. Zum Servieren auf zwei Gläser verteilen.

ERDNUSS-BUTTER & BANANE

Wer nicht die gezuckerte Supermarkt-Variante der Erdnussbutter verwenden will, mixt sich seine eigene aus 230 g ungesalzenen, gerösteten Erdnüssen, 2–3 EL Sonnenblumenöl und 1 Prise Salz. Gesüßt wird dann mit Agavendicksaft.

75 g kernige Haferflocken
400 ml Tier- oder Reismilch
2 Bananen
4 EL Erdnussbutter
2 EL Rohkakaopulver
75 g Natur- oder Sojajoghurt

Die Haferflocken mit der Milch in den Mixer geben und 10 Minuten einweichen. Alle anderen Zutaten zugeben und pürieren, dann zum Servieren auf zwei Gläser verteilen.

→ Die De luxe-Version mit einem (Soja-)Sahnehäubchen verzieren.

KULFI-MILCH

Diese selbst gemachte Nussmilch mit Gewürzen kann man auch in größeren Mengen herstellen, dann lohnt sich der Aufwand. Sie hält sich gut verschlossen 3 Tage im Kühlschrank.

40 g ungesalzene Pistazien
80 g Mandeln
2 großzügige Prisen gemahlener Kardamom
einige Safranfäden
1 großzügige Prise Salz
50 g Zucker oder Palmzucker nach Belieben

Haben die Pistazien und Mandeln noch ihre dünne Haut, beide in eine Schüssel geben, mit kochendem Wasser übergießen und etwa 1 Stunde einweichen lassen. Dann vorsichtig die Haut abziehen. Die Nüsse im Mixer mit 600 ml kaltem Wasser pürieren und durch ein feines Tuch die Nussmilch in einen Krug pressen, mit einem Teelöffel die Nüsse gut ausdrücken. In die Nussmilch den Kardamom, die Safranfäden und das Salz rühren und servieren.

04
SUNDAY
JULY

KIRSCHE & KAKAO

Der Spinat tarnt sich hier hervorragend mit Kirsche, Banane und Kakao. Klammheimlich gesund!

2 EL Chiasamen

250 ml eiskalte Mandelmilch

1 Banane

250 g Kirschen

1 EL Rohkakaopulver

250 g Spinat

Die Chiasamen 5 Minuten in 50 ml von der Mandelmilch einweichen. Alle Zutaten bis auf den Spinat in den Mixer geben und pürieren, zuletzt den Spinat zugeben und zu einem cremigen Shake mixen. Zum Servieren auf zwei Gläser verteilen.

SCHOKO, BANANE & KAFFEE

Wer sein Frühstück lieber „all in one" zu sich nimmt, hat hier Kaffee, Banane und Milch kombiniert zu einem cremigen Shake. Mit dem Tryptophan aus Banane und Kakao, das die Bildung des Glückshormons Serotonin fördert, stimmt dann auch gleich die Laune.

200 ml Kaffee

200 ml Tier- oder Mandelmilch

1 ½ EL Rohkakaopulver

2 EL Nussmus

2 Bananen

1 TL Agavendicksaft nach Belieben

Alle Zutaten in den Mixer geben, pürieren und nach Belieben mit Agavendicksaft abschmecken. Zum Servieren auf zwei Gläser verteilen.

→ Die Bananen durch ½ Avocado ersetzen. Ähnlich cremig und bringt noch mehr Energie.

ICED MATCHA

Manchmal braucht es den Energieschub von Matcha – eiskalt!

2 gestrichene EL Matcha Premix
Mark von ½ Vanilleschote
Eiswürfel
300 ml Tier- oder Sojamilch

Je 1 EL Matcha Premix in ein Glas geben, 50 ml Wasser dazugeben und gut verquirlen. Das Vanillemark auf die Gläser verteilen und einrühren. Jeweils 3–4 Eiswürfel in jedes Glas geben. Die Milch aufschäumen und den Matcha damit übergießen.

→ Statt mit Milch mit naturtrübem Apfelsaft auffüllen.

KAKAO-MATCHA-BOOST

Für diesen Drink verabschieden wir uns von den großen Gläsern: Es ist ein kleiner, feiner Powershot!

3 EL Kokosöl
100 ml ungesüßte Mandelmilch
1 EL Rohakaopulver
2 Datteln
½ EL Matchapulver

Wenn das Kokosöl noch zu hart zum Mixen ist, sanft im Wasserbad erhitzen, bis es sich verflüssigt. Alle Zutaten in den Mixer geben und pürieren, dann auf zwei Shotgläser verteilen und sofort trinken.

GUTE TAGE SCHMECKEN NACH LIMO

SIRUP GRUNDREZEPTE

Mit diesen Sirup-Grundrezepten
kommt man über den heißesten Sommer,
sie aromatisieren jedes fade Wasser.

Sirup nach Belieben mit stillem oder sprudeligem Wasser aufgießen oder einen Schuss Sirup in Sekt oder Prosecco geben. Auch als Basis für Eistee sind sie perfekt und sogar zum Aromatisieren von kaltem Kaffee.

Diese Sirups sind weniger zuckerhaltig als üblich und halten sich daher nur ca. 1 Woche im Kühlschrank. Die Zuckermenge kann nach Belieben bis auf das Verhältnis von einem Teil Wasser zu einem Teil Zucker erhöht werden.

Läuter-zucker

★ *Perfekt für: alles, was mehr Süße braucht, und Drinks*

Läuterzucker, also Zuckerlösung, besteht eigentlich zu gleichen Teilen aus Wasser und Zucker. Diese Variante kommt mit weniger Zucker aus, um Limos und Eistees nicht zu stark zu süßen.

100 g weißer Zucker
1 Einmachglas (250 ml)

Den Zucker mit 200 ml Wasser unter Rühren aufkochen, bis er sich aufgelöst hat. In ein Einmachglas abfüllen.

→ VARIANTE: Mit dem Mark von 1 Vanilleschote als Vanillesirup zubereiten.

Ingwer

★ *Perfekt für: Kaffee, Tee, Drinks oder Limo*

8 cm Ingwer
Saft von 2 Zitronen
50 g brauner Zucker
1 Einmachglas (250 ml)

Den Ingwer schälen und fein hacken. Ingwer, Zitronensaft und Zucker in einem Topf mit 200 ml Wasser zum Kochen bringen und unter Rühren köcheln, bis sich der Zucker aufgelöst hat. Den Herd ausschalten und den Sirup 10 Minuten abgedeckt ziehen lassen. Noch einmal aufkochen und durch ein Sieb in ein Einmachglas füllen.

→ ALS MOCKTAIL: 1 EL Sirup mit einigen Erdbeeren ins Glas geben und mit 250 ml Zitronenlimo aufgießen.

→ ALS COCKTAIL: 1 EL Sirup mit 3 cl braunem Rum ins Glas geben und mit 200 ml Sprudelwasser aufgießen.

→ SO GEHT'S: In einem Topf 200 ml Wasser mit dem Zitronensaft und dem Zucker zum Kochen bringen und unter Rühren köcheln, bis sich der Zucker aufgelöst hat. Die Aromazutaten hineingeben, den Herd ausschalten und den Sirup für die jeweilige Ziehzeit abgedeckt stehen lassen. Noch einmal aufkochen und durch ein Sieb in ein Einmachglas füllen.

ZITRONEN-MELISSE

★ *Perfekt für: Tee, Limo, Sekt*

Ziehzeit: 20 Minuten

Saft von 2 Zitronen

50 g weißer Zucker

5 große Stängel Zitronenmelisse

1 Einmachglas (250 ml)

ROSMARIN

★ *Perfekt für: Tee, Limo*

Ziehzeit: 10 Minuten

Saft und Abrieb von 2 Bio-Zitronen

50 g weißer Zucker

3 Rosmarinzweige

1 Einmachglas (250 ml)

→ VARIANTE: Mit 2 Thymianzweigen als Thymiansirup zubereiten.

MINZE

★ *Perfekt für: Kaffee, Tee oder Limo*

Ziehzeit: 10 Minuten

Saft und Abrieb von 2 Bio-Zitronen

50 g weißer Zucker

3 Minzezweige oder 2 Beutel Minztee

1 Einmachglas (250 ml)

LAVENDEL

★ *Perfekt für: Limo, Sekt*

Ziehzeit: 15 Minuten

Saft von 2 Zitronen

50 g weißer Zucker

½ Handvoll Lavendelblüten

1 Einmachglas (250 ml)

→ SO GEHT'S: In einem Topf 200 ml Wasser mit dem Zitronensaft und dem Zucker zum Kochen bringen und unter Rühren köcheln, bis sich der Zucker aufgelöst hat. Die Aromazutaten hineingeben, den Herd ausschalten und den Sirup für die jeweilige Ziehzeit abgedeckt stehen lassen. Noch einmal aufkochen und durch ein Sieb in ein Einmachglas füllen.

APFELTEE

★ *Perfekt für: Tee und Limo*

Ziehzeit: 10 Minuten

Saft von 1 Zitrone

50 g brauner Zucker

3 Beutel Apfeltee

1 Einmachglas (250 ml)

→ **Unbedingt mit dem Lieblingstee probieren und im Sommer mit Eis und Sprudelwasser trinken.**

THYMIAN & SCHWARZER TEE

★ *Perfekt für: Limo, Eistee*

Ziehzeit: Mit Tee 3 Minuten, dann den Tee entfernen und weitere 5 Minuten ziehen lassen.

100 g Zucker

5 Beutel schwarzer Tee

1 gehäufter TL getrockneter Thymian

½ Zimtstange nach Belieben

Saft vo 1 Zitrone

1 Einmachglas (250 ml)

THYMIAN
&
SCHWARZER TEE

→ SO GEHT'S: In einem Topf 200 ml Wasser mit dem Zitronensaft und dem Zucker zum Kochen bringen und unter Rühren köcheln, bis sich der Zucker aufgelöst hat. Die Aromazutaten hineingeben, den Herd ausschalten und den Sirup für die jeweilige Ziehzeit abgedeckt stehen lassen. Noch einmal aufkochen und durch ein Sieb in ein Einmachglas füllen.

KAKTUS-FEIGE

★ *Perfekt für: Eistee, Limo*

Muss 10 Minuten köcheln!

Saft von 1 Zitrone

100 g brauner Zucker

2 Kaktusfeigen, geschält und gewürfelt

1 Einmachglas (250 ml)

→ VARIANTE: Mit einer geschälten, gewürfelten Rhabarberstange und dem Mark von einer Vanilleschote als Rhabarber-Vanille-Sirup zubereiten.

BROMBEERE & CHILI

★ *Perfekt für: Kaffee*

Geht auch mit anderen Beeren

Ziehzeit: keine, nur aufkochen

50 g Zucker

Saft von 1 Zitrone

400 g Brombeeren

1 Einmachglas (250 ml)

GEWÜRZE

★ *Perfekt für: Kaffee oder schwarzen Tee, aber auch als Sauce über Pfannkuchen!*

◷ *Ziehzeit: 20 Minuten*

50 g brauner Zucker

Saft von 1 Zitrone

2 Zimtstangen

1 Sternanis

3 Nelken

1 Einmachglas (250 ml)

KARDAMOM & SAFRAN

★ *Perfekt für: Kaffee*

◷ *Ziehzeit: keine, nur aufkochen*

½ TL gemahlener Kardamom

2 Safranfäden

Saft von 1 Zitrone

50 g weißer Zucker

1 Einmachglas (250 ml)

GRANATAPFEL

★ *Perfekt für: Eistee, Limo, Drinks*

2 Granatäpfel

Saft von 1 Zitrone

100 g Zucker

1 Einmachglas (250 ml)

Die Granatäpfel halbieren und mit einem Esslöffel die Kerne herauslösen – Vorsicht, spritzt! Die Kerne in ein Sieb geben und den Saft in einen Topf pressen. Kerne und Saft mit dem Zitronensaft und dem Zucker sowie 200 ml Wasser aufkochen und 10 Minuten köcheln lassen. Durch ein Sieb in ein Einmachglas füllen, dabei die Kerne erneut ausdrücken.

CRANBERRY

★ *Perfekt für: Eistee, Limo, Sekt und Drinks*

150 g Cranberrys

100 g Zucker

Saft von 2 Zitronen

1 Einmachglas (250 ml)

Die Früchte mit 2 EL Wasser pürieren. In einem Topf 200 ml Wasser mit dem Zucker, dem Zitronensaft und dem Fruchtpüree zum Kochen bringen und unter Rühren köcheln, bis sich der Zucker aufgelöst hat. Den Sirup 10 Minuten einkochen lassen und durch ein feines Sieb in ein Einmachglas füllen.

MELONE & MINZE

Melone schmeckt einfach nach Sommer, frisch aus dem Kühlschrank hat sie gute Limo-Temperaturen.

¼ Honigmelone
400 g kernlose Wassermelone
Saft von 1 Limette
4 Minzestängel oder 2 EL Minzsirup (siehe S. 137)
Sprudelwasser zum Aufgießen
Eiswürfel

Aus der Honigmelone mit einem sehr kleinen Löffel oder einem Kugelausstecher kleine Kugeln ausstechen. Die Wassermelone mit dem Handrührgerät etwas mixen, aber nicht komplett pürieren. Den Limettensaft einrühren. Die Minze waschen, die Blätter von zwei Zweigen abzupfen, die restlichen Zweige zum Garnieren beiseitestellen. Auf zwei Gläser einige Eiswürfel und Melonenkugeln verteilen, die Minzeblätter oder den Minzsirup hineingeben und alles kurz mit einem Löffel vermischen. Die Wassermelone hinzufügen und mit Sprudelwasser aufgießen. Mit den übrigen Minzezweigen garnieren.

BIRNE & ROSMARIN

Der Geschmack von Rosmarin ist eigen, aber besonders. Einfache Birnenlimo erhält man, wenn man mit Läuterzucker süßt und mit Zitronensaft abschmeckt.

1 große, nicht zu reife Birne
2 Rosmarinzweige zum Servieren
4 EL Rosmarinsirup (siehe S. 136)
Sprudelwasser zum Aufgießen
Eiswürfel

Die Birne waschen und entkernen. Die eine Hälfte entsaften oder pürieren, die andere Hälfte in feine Spalten schneiden. Den Rosmarin waschen. Einige Eiswürfel auf zwei Gläser verteilen, die Birnenspalten hineindrapieren und die Rosmarinzweige in die Gläser stellen. Den Rosmarinsirup darübergießen und den Birnensaft oder das -püree daraufgießen. Mit Sprudelwasser aufgießen.

MASON

cit ro
Cit

GURKE

Den leicht herben Geschmack von Gurkenlimo mag nicht jeder, aber jeder sollte ihn einmal probieren.

1 Bio-Gurke
250 ml Orangensaft
Saft von ½ Limette
4 EL Läuterzucker (siehe S. 135) oder Agavendicksaft
1 große Handvoll Eiswürfel

Alle Zutaten mit 100 ml eiskaltem Wasser in den Mixer geben und sehr gut pürieren. Ist die Limo noch zu fest, etwas mehr Wasser oder Eiswürfel einmixen. Sofort servieren.

→ Ein Schuss Gin oder weißer Tequila macht sich hervorragend in diesem Drink.

PFIRSICH, BASILIKUM & ZITRONE

Gibt es reife Pfirsiche, muss die Gelegenheit zum Limonademachen genutzt werden. Nach Belieben den Basilikum durch frische Minze ersetzen.

1 großer Pfirsich
2 Basilikumstängel
Saft von ½ Zitrone
2 EL Läuterzucker (siehe S. 135) oder Agavendicksaft
Eiswürfel
Sprudelwasser zum Aufgießen

Den Pfirsich entsteinen und in feine Spalten schneiden. Je 1 EL Läuterzucker und die Hälfte des Zitronensaftes in ein Glas geben und verrühren. Die Eiswürfel ins Glas geben, dann die Pfirsichscheiben und den Basilikum. Mit Sprudelwasser aufgießen und einmal vorsichtig umrühren.

APFELESSIG & INGWER

Essig? Aber ja! Er wirkt nicht nur anregend auf den Stoffwechsel, sondern erfrischt auch enorm.

2 cm frischer Ingwer
oder 2 EL Ingwersirup (siehe S. 135)
4 EL Apfelessig
2 EL Läuterzucker (siehe S. 135) oder
Agavendicksaft
Sprudelwasser zum Aufgießen
Apfelscheiben zum Servieren
Eiswürfel

Den Ingwer schälen und in feine Scheiben schneiden. In einem Krug Essig, Ingwer und Läuterzucker mit 250 ml Wasser verrühren und über Nacht im Kühlschrank ziehen lassen. Einige Eiswürfel auf zwei Gläser verteilen und das Essigwasser darübergießen. Mit Sprudelwasser aufgießen und mit Apfelscheiben servieren.

KRÄUTER-LIMO

Diese Limo ist der beste Grund, Balkon oder Garten mit einer ganzen Batterie von Küchenkräutern zu bepflanzen und sie mit Liebe zu pflegen.

250 ml Apfelsaft....35 g Zucker....
5 Wacholderbeeren....3 Basilikumzweige....
1 Rosmarinzweig....4 Zitronenthymianzweige....
3 Melissenzweige....3 Pfefferminzzweige....
1 Salbeizweig....Sprudelwasser zum Aufgießen

Den Apfelsaft mit dem Zucker aufkochen. Die Wacholderbeeren zerstoßen, dann mit allen Kräutern in den kochenden Apfelsaft geben. Den Topf vom Herd nehmen und abdecken, 20 Minuten ziehen lassen. Abkühlen und im Kühlschrank vollständig erkalten lassen. Zum Servieren den Sirup durch ein Sieb in zwei Gläser gießen und mit Sprudelwasser aufgießen. Mit frischen Kräutern servieren.

1000ML

KOKOS & LAVENDEL

Eine Absage an aromatisiertes Kokoswasser aus dem Supermarkt!

4 EL Lavendelsirup (siehe S. 137)
Saft von ½ Zitrone
300 ml Kokoswasser
Sprudelwasser zum Aufgießen
Eiswürfel

Den Lavendelsirup mit dem Zitronensaft auf zwei Gläser verteilen und umrühren. Eiswürfel hineingeben und mit Kokoswasser und Sprudelwasser aufgießen.

MARACUJA, ORANGE & INGWER

Hmm... Maracuja! Gibt es eine himmlischere Frucht? Zu den Früchten greifen, die schon leicht angeschrumpelt aussehen, dann sind sie reif.

1 Maracuja
Saft von 1 Orange
Saft von ½ Zitrone
4 EL Ingwersirup (siehe S. 135)
Sprudelwasser zum Aufgießen
Eiswürfel

Die Maracuja halbieren und die Kerne in eine kleine Kanne löffeln. Orangensaft, Zitronensaft und Ingwersirup zugeben und umrühren. Die Eiswürfel auf zwei Gläser verteilen, die Maracuja-Ingwer-Mischung darübergießen und mit Sprudelwasser aufgießen.

infused water
WASSER MIT GESCHMACK

→ ergibt jeweils 1 Liter

Die täglichen 2,5 Liter Wasser, die wir nach den Richtlinien der Deutschen Gesellschaft für Ernährung zu uns nehmen sollen, müssen wir nicht allein mit Getränken decken, denn auch in Obst und Gemüse steckt Wasser.

Etwa 1,5 Liter sollten dennoch täglich getrunken werden, und damit das nicht zu fad wird, gibt es Wasser mit Obst und Gemüse! Das Ergebnis ähnelt dem südamerikanischen Agua Fresca, enthält aber keinen Zuckerzusatz. Wer die Süße zu sehr vermisst, kann Läuterzucker (siehe S. 135) oder Agavendicksaft einrühren.

→ SO GEHT'S: Das Obst und Gemüse in mundgerechte Stücke oder feine Scheiben schneiden und mit Eiswürfeln und den übrigen Zutaten in eine Kanne mit 1 Liter Volumen geben. Mit stillem Wasser aufgießen.

WASSER-MELONE & ERDBEEREN *infused*

½ kernlose Wassermelone

10 Erdbeeren

3 Minzestängel

Saft von 1 Limette

stilles Wasser zum Aufgießen

Eiswürfel

CANTALOUPE-MELONE & LIMETTE *infused*

1 Cantaloupe-Melone

1 Limette, in Scheiben

Saft von 2 Limetten

stilles Wasser zum Aufgießen

Eiswürfel

GURKE & ZITRONE *infused*

1 Bio-Gurke

1 Bio-Zitrone

stilles Wasser zum Aufgießen

Eiswürfel

APFEL & ZIMT *infused*

1 roter Apfel

1 Zimtstange

stilles Wasser zum Aufgießen

Eiswürfel

→ SO GEHT'S: Das Obst und Gemüse in mundgerechte Stücke oder feine Scheiben schneiden und mit Eiswürfeln und den übrigen Zutaten in eine Kanne mit 1 Liter Volumen geben. Mit stillem Wasser aufgießen.

HEIDELBEERE & APFEL *infused*

100 g gefrorene Heidelbeere

2 Granny Smiths, in feinen Scheiben

1 Limette, in feinen Scheiben

stilles Wasser zum Aufgießen

Eiswürfel

MANGO & INGWER *infused*

½ Mango

3 cm Ingwer

stilles Wasser zum Aufgießen

Eiswürfel

TEA,
MY
DEAR?

T

TEE

COLD BREW & ICE BREW

Grüner Tee wird bereits bei der Verarbeitung kurz erhitzt und kann daher kalt aufgegossen werden, so lösen sich auch die Geschmacksstoffe gut. Für andere Teesorten empfiehlt sich das nicht, sie sollten immer mit kochendem Wasser aufgegossen werden. Daher greift man auf das „Shocken" über Eis zurück, lässt also den überbrühten Tee nach der Ziehzeit auf Eiswürfeln abkühlen.

GRÜNER TEE COLD BREW

Kalt aufgegossener grüner Tee ist mild und verträglich. Zum Aufgießen ein Teesieb verwenden, in dem der Tee genug Platz hat, sich zu entfalten.

3 TL grüner Tee
(1,5 x die übliche Menge)

Den Tee in das Teesieb geben und 600 ml kaltes Wasser angießen. Abdecken und über Nacht ziehen lassen. Je länger er zieht, desto koffeinhaltiger wird er.

TEE ICE BREW

Am besten eignet sich zum sogenannten „Shocken" von Eistee ein doppelwandiger Pitcher, den gibt's auch aus Glas. Wer kein hitzeresistentes Behältnis besitzt, sollte einen Edelstahllöffel ins Glas geben, bevor er die heiße Flüssigkeit über das Eis gießt.

4 TL Tee
(= doppelte Teemenge für kalte Teegetränke)
Eiswürfel
Teesieb

Den Tee in eine Kanne geben und mit 300 ml kochendem Wasser überbrühen. Die Eiswürfel in ein Glas geben und den Tee durch ein Sieb angießen. Ein schlichter Eistee wäre so sofort trinkfertig. Mit Saft oder Sirup (siehe S. 135–143) lässt er sich herrlich aromatisieren.

MOUNTAIN TONIC

Die ganz Süßen genießen ihren Bergkräuter-Eistee mit Holunderblütensirup statt Tonicwater und Maracujasaft. Hier gilt wie beim Morgentau & Mango (S. 164): Richtig gut wird's nur mit diesem einzigartigen Bergkräutertee.

4 TL Bergkräutertee oder
ein anderer Kräutertee mit Zitronenmelisse,
Anis und Thymian
2 Schuss Tonicwater
2 Schuss Maracujasaft
Eiswürfel
Bio-Limettenspalten zum Servieren

Den Tee mit 500 ml kochendem Wasser aufgießen und 5–8 Minuten ziehen lassen. Zwei große Gläser halb voll mit Eiswürfeln füllen, das Tonicwater und den Maracujasaft hineingeben. Mit dem heißen Tee „shocken" (siehe S. 159) und mit Limettenspalten servieren.

KAMILLE, INGWER & GEWÜRZE

Ein milder Eistee ohne Koffein, aber mit anderen anregenden Inhaltsstoffen: Die Zitrone bringt morgens den Stoffwechsel in Schwung. Schmeckt auch warm!

2 cm Ingwer
2 Beutel Kamillentee
2 TL Läuterzucker (siehe S. 135)
Saft von ½ Zitrone
2 Msp. Kurkuma
2 Msp. gemahlener schwarzer Pfeffer
Eiswürfel

Den Ingwer schälen und in Scheiben schneiden. Den Tee und den Ingwer mit 600 ml kochendem Wasser aufgießen und 6 Minuten ziehen lassen. Die Teebeutel und den Ingwer entfernen. Einige Esslöffel Tee in einer kleinen Schüssel mit Läuterzucker, Zitronensaft, Gelbwurzelpulver und Pfeffer verrühren. Die Eiswürfel auf zwei Gläser verteilen, die Läuterzucker-Mischung daraufgießen, mit dem heißen Tee „shocken" (siehe S. 159) und servieren.

Rooibos & Apfel

Eine isotonische Kombi und damit die Alternative zur Apfelschorle. SportlerInnen lassen nach Belieben den Granatapfelsirup weg.

2 Beutel Rooibos-Tee mit Orangenaroma
200 ml Apfelsaft
2 EL Granatapfelsirup (siehe S. 143)
Eiswürfel

Den Tee in einer Kanne mit 500 ml Wasser aufgießen und 5–8 Minuten ziehen, dann abkühlen lassen. Zwei große Gläser mit Eiswürfeln füllen, Apfelsaft und Granatapfelsirup auf die Gläser verteilen und mit dem Tee aufgießen.

Rooibos & Safran

Ein aromatischer Anti-Stress-Drink mit beruhigender Vanille.

2 Beutel Rooibos Cream Orange der anderer Rooibos-Tee mit Orangen-Vanille-Aroma
10 Basilikumblätter und 2 Stängel
Mark von ½ Vanilleschote
2 Prisen Safran
Saft von ½ Zitrone
Eiswürfel
Pfirsichspalten zum Servieren

Den Tee mit 600 ml kochendem Wasser aufgießen und 5 Minuten ziehen, dann vollständig abkühlen lassen. Einige Eiswürfel auf zwei Gläser verteilen, die Basilikumblätter hineingeben, Vanillemark, Safran und Zitronensaft dazugeben. Alles kurz mit einem Löffel vermischen. Die Pfirsichspalten auf dem Eis verteilen, jeweils einen Basilikumstängel in jedes Glas stellen und mit dem kalten Tee aufgießen.

WEISSER TEE & HIMBEEREN

Weißer Tee ist nicht nur sehr wertvoll, weil er nur leicht anfermentiert ist, er enthält auch eine sehr große Menge von Antioxidantien. Gut für Haut & Zellen!

4 EL Pai Mu Tan oder anderer weißer Tee....
125 g Himbeeren ....Agavendicksaft....
Eiswürfel....Bio-Zitronenspalten und Minze zum Servieren

Den Tee mit 400 ml etwa 80 °C heißem Wasser überbrühen und 3 Minuten ziehen lassen. Die Hälfte der Himbeeren mit dem Tee im Mixer pürieren, ggf. das Püree durch ein Sieb streichen, um die Kerne zu entfernen. Zwei große Gläser halb voll mit Eiswürfeln füllen, das Himbeerpüree darauf verteilen und die ganzen Himbeeren und Zitronenspalten hineingeben, dabei jeweils eine Zitronenspalte etwas andrücken. Nach Belieben mit Agavendicksaft oder Himbeersirup süßen. Den Tee angießen („shocken“, siehe S. 159) mit Minze dekorieren und sofort servieren.

GRÜNER TEE & MANGO

Für diesen Eistee gibt es eigentlich nur eine Wahl: Den Morgentau-Tee von Ronnefeldt mit Mango und Zitrone. Wer ihn nicht zur Hand hat, verwendet einen anderen mit Zitrone.

2 Beutel Morgentau-Tee oder anderer Grüner Tee, aromatisiert mit Zitrone
4 EL Mangosaft
Eiswürfel
Mangospalten zum Servieren

Wasser zum Kochen bringen und 5 Minuten stehen lassen, sodass es sich auf 90 °C abkühlt. Den Tee mit 500 Wasser aufgießen und 2–3 Minuten ziehen lassen. Die Eiswürfel auf zwei Gläser verteilen und den Mangosaft hineingeben. Mit dem Tee aufgießen („shocken“, siehe S. 159) und zum Servieren Mangospalten in die Gläser stecken.

BEEREN & LIMETTE

Eistee aus Früchte- und Kräutertees ist ideal für alle, die nachmittags kein Koffein mehr zu sich nehmen möchten.

2 Beutel Sweet Berries oder anderer Beerentee
2 EL Limettensaft
2 EL Granatapfelsirup (siehe S. 143)
Eiswürfel

Den Tee in einer Kanne mit 500 ml Wasser aufgießen und 8–10 Minuten ziehen, dann abkühlen lassen. Zwei große Gläser mit Eiswürfeln füllen, Limettensaft und Granatapfelsirup auf die Gläser verteilen und mit dem Tee übergießen.

CHAI, CRANBERRY & GRANATAPFEL

Eine würzige Variante des Eistees, die man im Winter auch heiß trinken kann.

2 Beutel Chai-Tee
2 EL Cranberrysirup (siehe S. 143)
2 EL Granatapfelsirup (siehe S. 143)
Eiswürfel

Den Tee in einer Kanne mit 500 ml Wasser aufgießen und 8–10 Minuten ziehen, dann abkühlen lassen. Zwei große Gläser mit Eiswürfeln füllen, je 1 EL von jedem Sirup hineingeben und mit dem Tee übergießen.

THYMIAN-EISTEE

Streng genommen handelt es sich hierbei eher um eine Tee-Limo als um einen Eistee, denn wir verwenden nur den Sirup.

4 EL Thymian-Tee-Sirup (siehe S. 138)
1 EL Zitronensaft
500 ml Sprudelwasser, gekühlt
Thymianzweige und Zitronenspalten zum Servieren
Eiswürfel

Den Thymian-Tee-Sirup und den Zitronensaft auf zwei große Gläser verteilen und verrühren. Eiswürfel dazugeben, bis das Glas etwa halb voll ist, und den Eistee mit Sprudelwasser auffüllen. Mit Thymianzweigen und Zitronenspalten servieren.

→ Schmeckt auch mit 4 cl Bourbon pro Glas als Cocktail!

EARL-GREY-GRANITA

Die sommerliche Variante des five o'clock tea *kommt als eiskalte Granita daher.*

3 EL Zitronensaft
2 EL Zucker
300 ml Earl Grey, abgekühlt

In einem kleinen Topf den Zitronensaft erhitzen und den Zucker darin auflösen, dann den Tee einrühren. Den Topf vom Herd nehmen und den Tee vollständig abkühlen lassen, in einen Gefrierbehälter füllen und mindestens 4 Stunden einfrieren. Herausnehmen, gut umrühren und noch einmal 2 Stunden gefrieren. Auf zwei Gläser verteilen und servieren.

→ Man kann die Granita auch auf Vorrat zubereiten.Einfach die abgekühlte Mischung aus Tee, Zucker und Zitronensaft in Eiswürfelformen einfrieren und zum Servieren im Mixer mit der Pulse-Funktion zerkleinern.

F

BUT FIRST, COFFEE

KAFFEE

COLD BREW & ICE BREW

Für die Herstellung von Eistee und Eiskaffee oder zur Verwendung von Tee im Smoothie kann man grünen Tee (siehe S. 159) oder Kaffee heiß aufgießen und dann geduldig warten, bis er abgekühlt ist. Oder man bereitet ihn einfach als cold brew *oder* ice brew *zu!*

Wird Kaffee kalt aufgegossen, ist er konzentrierter, enthält gleichzeitig aber weniger Säure und Bitterstoffe und auch etwas weniger Koffein, was für alle perfekt ist, die milden Kaffee bevorzugen. Allerdings braucht man einen Tag oder eine Nacht (ca. 12 Stunden) Vorbereitungszeit. Am besten gelingt die Zubereitung in der French Press (Stempelkanne), hat man keine, gießt man den Kaffee nach der Ziehzeit durch ein Sieb ab. Die Stärke variiert je nach Kaffee- und Wassermenge sowie Mahlgrad.

KAFFEE COLD BREW

Hier das Rezept für zwei Gläser milden cold brew.

25 g Kaffee, grob gemahlen

French Press

Einmachglas (250 ml)

Den Kaffee in die French Press geben und 500 ml kaltes Wasser angießen. Gut umrühren, abdecken und über Nacht ziehen lassen. Am nächsten Tag den Pressstempel hinunterdrücken und den Kaffee in ein Einmachglas abfüllen. Im Kühlschrank hält er sich ca. 2 Wochen.

→ Für ein starkes Kaffee-Konzentrat zum Mischen mit viel Flüssigkeit und Eiswürfeln 100 g Kaffee auf 500 ml Wasser verwenden.

KAFFEE ICE BREW

Für die Ice-Brew-Methode braucht man einen Handfilter. Durch das sofortige Kühlen ist auch dieser Kaffee etwas weniger bitter. So geht's:

250 g Eiswürfel oder Crushed Ice

40 g Kaffee, mittelfein gemahlen

Handfilter

Kaffeefilter

In eine Kanne Eiswürfel oder Crushed Ice geben, den Handfilter aufsetzen und mit einem Kaffeefilter auskleiden. Den Kaffee in den Filter geben und mit 250 ml kochendem Wasser aufgießen. Durchlaufen lassen und schon ist der Kaffee fertig für die kalte Weiterverwendung!

ICED COFFEE & SIRUP

Mit einem selbst gemachten Sirup schmeckt Iced Coffee besonders gut. Hier die besten Kombinationen mit den Kräutersirups von S. 134–143.

→ SO GEHT'S: Eiswürfel auf zwei Gläser verteilen, den Sirup hineingeben und mit eiskaltem Kaffee aufgießen. Mit einigen frischen Kräutern garnieren und nach Belieben mit einem Schuss Milch verfeinern.

MIT MINZE

2 Gläser Cold Brew (siehe S. 173)
oder eiskalter Kaffee
2-4 EL Minzsirup (siehe S. 137)
2 Minzezweige
Tier- oder Pflanzenmilch nach Belieben
Eiswürfel

MIT LAVENDEL

2 Gläser Cold Brew (siehe S. 173)
oder eiskalter Kaffee
2-4 EL Lavendelsirup (siehe S. 137)
2 Lavendelzweige
Tier- oder Pflanzenmilch nach Belieben
Eiswürfel

MIT GEWÜRZEN

400 ml Cold Brew (siehe S. 173)
oder eiskalter Kaffee
2-4 EL Gewürzsirup (siehe S. 141)
Tier- oder Pflanzenmilch
nach Belieben
Eiswürfel

PEPPER
THE MIXED BLEND

EISKAFFEE

Wenn schon ein „klassischer" Eiskaffee, dann in der Deluxe-Variante mit Eis, Früchten, Marshmallows & Co. A guilty pleasure!

50 g (vegane) Sahne
400 ml Filterkaffee oder
80 ml eiskalter Espresso
4 Kugeln (veganes) Vanilleeis
2 EL Zucker nach Belieben
Tier- oder Pflanzenmilch nach Belieben
Kakaopulver

Die Sahne steif schlagen und in einen Spritzbeutel mit Sterntülle füllen. In einem kleinen Gefäß den Kaffee mit dem Zucker mischen. Das Eis auf die Gläser verteilen, den Kaffee darübergießen und die Sahne daraufspritzen. Nach Belieben etwas Milch darübergießen und mit Kakaopulver bestäuben.

PIMP YOUR COFFEE:

* Mini-Marshmallows
* Schoko- oder Nusseis statt Vanille
* Erdbeereis & Erdbeerwürfel
* Zartbitter-Schokoladenstückchen
* Mandelkrokant
* Baiser- oder Amarettinibrösel
* Vanillemark, eingerührt in den Kaffee
* Gehackte Minzblätter
* Pumpkin Spice für den Herbst, eingerührt in den Kaffee
* Chili oder rosa Pfeffer, eingerührt in den Kaffee
* Ein Schuss Frangelico, Kaffee- oder Whiskey-Sahne-Likör, Cognac, Rum, … natürlich nicht alles auf einmal!

Eiskaffee mit Kokoswasser

Manche Ideen sind so einfach, dass sie einem lange nicht in den Sinn kommen. Eine von ihnen ist: Warum den üblichen Eiskaffee nicht mal mit Kokoswasser aufmöbeln?

Das cold brew Kaffeekonzentrat wie auf S. 173 beschrieben mit Kokoswasser statt Wasser ansetzen. Ist der Kokosgeschmack so zu stark, halb Wasser, halb Kokoswasser mischen.

→ Parallel schon Eiswürfel aus Kokoswasser einfrieren für die volle Dröhnung Kokosnuss.

Kokos & Schoko

Die bekannte und beliebte Schokoriegel-Kombi, hier umgesetzt in flüssig und mit Kaffee.

50 g Zartbitterschokolade
Eiswürfel aus Wasser oder Kokoswasser
2 TL Läuterzucker (siehe S. 135) oder Agavendicksaft
2 Gläser Cold Brew, zubereitet wie auf S. 173 aber mit Kokoswasser
Kokosmilch nach Belieben

Die Schokolade schmelzen und zwei Gläser von innen dünn damit beklecksen. Die Schokolade abkühlen und im Kühlschrank vollständig aushärten lassen. Zum Servieren Eiswürfel auf die Gläser verteilen und den Läuterzucker hineingeben. Mit dem Kaffee aufgießen und nach Belieben etwas Kokosmilch zugeben.

100% HOME MADE
100% HOME MADE
100% HOME MADE

KAFFEE-& MARACUJA-SLUSH

Ob halbgefroren oder im Förmchen für Eis am Stiel aus dem Tiefkühler gezogen, auch Kaffee und Maracuja harmonieren hervorragend miteinander.

250 ml heißer Kaffee
80 g weißer Zucker
150 g Maracujasaft
geschlagene Sahne zum Servieren

Im Kaffee den Zucker auflösen und abkühlen lassen. Den Maracujasaft in den abgekühlten Kaffee rühren, in Eis-am-Stiel-Förmchen füllen und ca. 6–8 Stunden gefrieren. Alternativ in der Eismaschine ca. 30 Minuten zu einem Slush gefrieren oder im Tiefkühler gefrieren: Dazu die Mischung in einen Plastikbehälter füllen und 4 Stunden einfrieren, dann umrühren und noch einmal 1 Stunde gefrieren. Auf zwei gekühlte Gläser verteilen und mit einem Häubchen aus geschlagener Sahne servieren.

SCHWARZE JOHANNISBEERE & KAFFEE

Eine so simple wie bestechende Kombination! Der Espresso kommt erst im Nachgeschmack sanft heraus. Surprise your guests! Aber fragen Sie vorher trotzdem, ob das Koffein in Ordnung ist.

60 ml eiskalter Espresso
300 ml eiskalter schwarzer Johannisbeersaft
4 Eiswürfel
Sprudelwasser nach Belieben

Den Espresso auf zwei Gläser verteilen und mit dem Johannisbeersaft aufgießen. Je zwei Eiswürfel hineingeben und nach Belieben noch einen Schuss Sprudelwasser. Ohne Wasser ist dieser Kaffee eleganter, mit Sprudel wird er fast zur Schorle.

MANGO-ICED-COFFEE

Neben der Johannisbeer-Kaffee-Kombination von S. 181 noch ein Pärchen, das sich gut verträgt: Mango und Kaffee.

1 Mango
300 ml Cold Brew (siehe S. 173) oder eiskalter Kaffee
Eiswürfel

Die Mango schälen, entsteinen und pürieren. Einige Eiswürfel auf zwei Gläser verteilen, das Mangopüree hineingeben und mit dem Kaffee aufgießen. Nach Belieben kräftig umrühren – oder schichtweise genießen.

FRAPPÉ MIT HIMBEEREN

Ob als Dessert oder als Ersatz für das Stück Kuchen am Nachmittag, dieses Frappé überzeugt in Look und Geschmack.

100 g Himbeeren zzgl. Himbeeren als Deko
1 EL Agavendicksaft
75 ml eiskalte Pflanzen- oder Tiermilch
250 ml Cold Brew (siehe S. 173) oder eiskalter Kaffee
4 Eiswürfel
Kakaonibs als Deko

Die Himbeeren waschen, in einer kleinen Schüssel zerdrücken und mit dem Agavendicksaft verrühren. Die Milch aufschäumen. Das Himbeerpüree auf zwei Gläser verteilen und jeweils zwei Eiswürfel hineingeben, den Kaffee dazugießen und gut umrühren, dann mit der Milch aufgießen. Mit Kakaonibs und Himbeeren bestreuen.

BUT FIRST:
coffee
2 17

ESPRESSO TONIC

Herb und erfrischend hat der Espresso Tonic das Zeug dazu, den Nachmittagskaffee abzulösen.

400 ml Tonicwater
60 ml eiskalter Espresso
Eiswürfel

Die Eiswürfel auf zwei Gläser verteilen und den Espresso angießen. Mit dem Tonicwater aufgießen und – aaaah!

KAFFEE & FRANGELICO

Cremig, mit Schuss und mit Koffein – huiui, brav sein können wir ein andermal wieder. Veganer verwenden Sojasahne für den Drink und aufgeschlagene Kokoscreme als Topping.

400 ml eiskalter starker Kaffee
6 cl Frangelico (Haselnusslikör)
60 g (vegane) Sahne oder, wer es nicht ganz so cremig mag, Tier- oder Pflanzenmilch
geschlagene (vegane) Sahne und Schokoladenraspel zum Servieren
Eiswürfel

Die Eiswürfel auf zwei Gläser verteilen und den Kaffee darübergießen. Dann den Frangelico und die Sahne dazugießen und umrühren. Mit einem Klecks geschlagener Sahne und Schokoraspeln servieren.

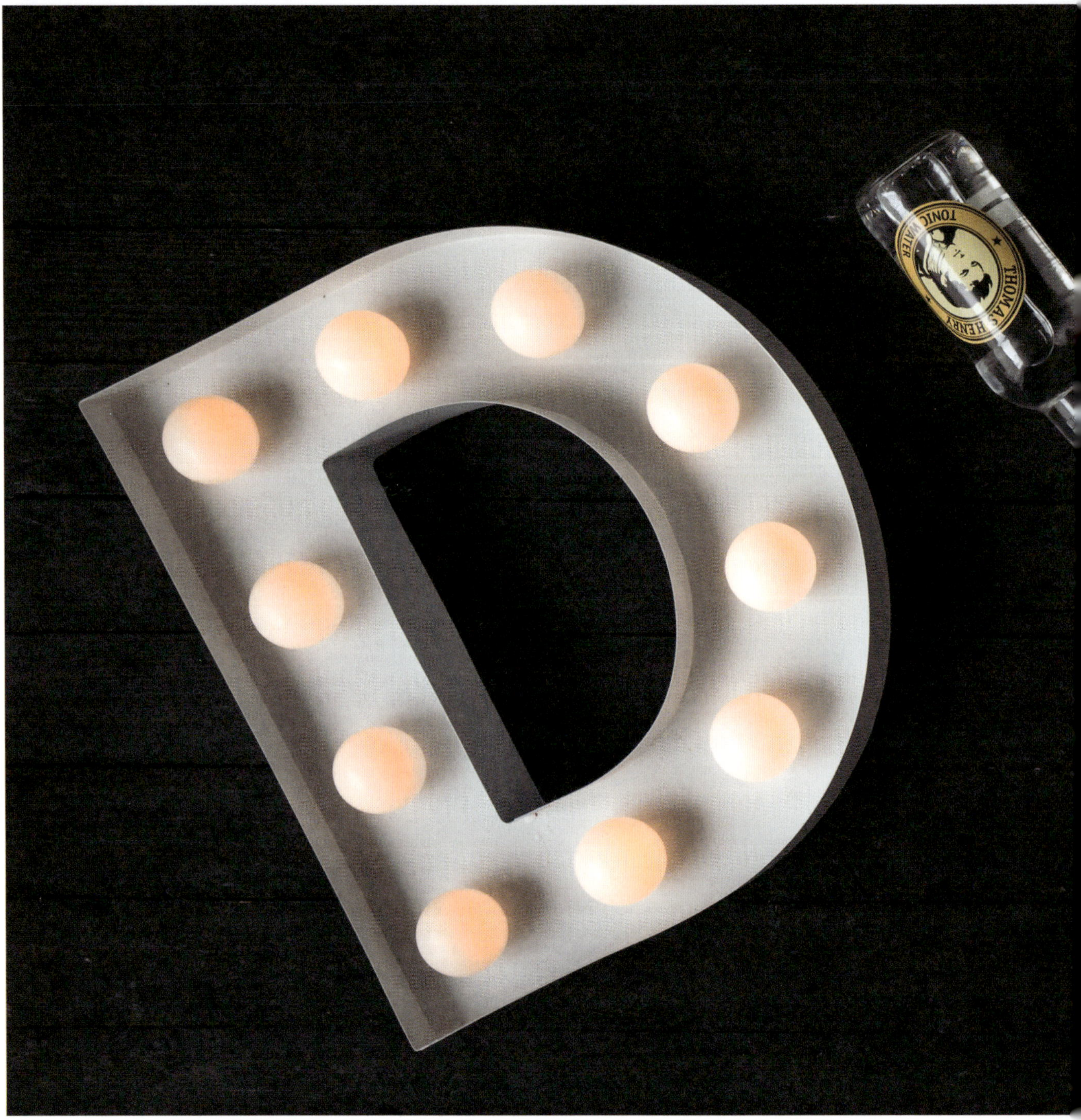
TONIC WATER
THOMAS HENRY

IT'S GIN O'CLOCK

MAXIMILIAN

ORANGEN-MINZE-BOWLE

Diese wie auch die folgenden Bowlen können ohne Zucker zubereitet werden – die Süße der Früchte und der Zuckergehalt des Alkohols reichen aus. Wer es doch süßer mag, greift zu Zucker oder anderen Süßungsmitteln.

4 Bio-Orangen....2 Bio-Limetten....
1 Bund Minze....10 cl Cachaça....1 l Riesling, gekühlt....Crushed Ice....Krug oder Bowleschale

Orangen und Limetten heiß waschen und vierteln. Die Viertel quer halbieren und in einen großen Krug oder eine Bowleschale geben. Die Minze waschen, trocken schütteln und in das Gefäß zupfen, alles mit einem Stößel etwas andrücken. Den Cachaça und den Riesling angießen und vor dem Servieren ca. 1 Stunde ziehen lassen, am besten im Kühlschrank. Die Bowle mit Crushed Ice servieren.

→ Für die alkoholfreie Variante ohne Cachaça und Riesling: Die Bowle mit 100 ml Apfelsaft und kurz vor dem Servieren mit 1 l Sprudelwasser aufgießen.

SOFIA

KIRSCH-HEIDELBEER-SANGRIA

Eine selbst gemachte Sangria hat nichts mit dem zu tun, was man in 1,5-Liter-Flaschen serviert bekommt. In das Fertigsangria-Land wird man nach diesem Drink nie mehr zurückkehren wollen.

300 g Kirschen....100 g Heidelbeeren....
½ Apfel....375 ml Rotwein....3 cl Brandy....
100 ml Kirschsaft....1 EL Agavendicksaft....
Eiswürfel....Krug oder Bowleschale

Die Kirschen waschen, entsteinen und halbieren, die Heidelbeeren waschen, den Apfel waschen und entkernen, dann in feine Spalten schneiden.

Alle Zutaten in einen Krug geben und gut umrühren, für mindestens 4 Stunden, besser noch über Nacht, im Kühlschrank ziehen lassen. Anschließend mit Agavendicksaft abschmecken und mit einigen Fruchtstückchen auf Eis servieren.

MATHILDE
JOHANNISBEER-PFIRSICH-BOWLE

Wer diese Früchte in die Schüssel wirft, der wird nur schwer die Geduld aufbringen, die Bowle ziehen zu lassen – aber es lohnt sich.

200 g Johannisbeeren
600 g reife Pfirsiche
2 EL Zucker nach Belieben
10 cl Pfirsichlikör
750 ml Sekt, gekühlt
Crushed Ice
Krug oder Bowleschale

Die Johannisbeeren von den Stielen zupfen und waschen, die Pfirsiche waschen, entsteinen und in Spalten schneiden. Johannisbeeren und Pfirsiche in einen großen Krug oder eine Bowleschale geben, nach Belieben mit 2 EL Zucker bestreuen und den Pfirsichlikör angießen. Obst und Likör 1 Stunde ziehen lassen, am besten im Kühlschrank. Zum Servieren die Bowle mit Sekt aufgießen und mit Crushed Ice servieren.

→ Die Früchte in Pfirsichsaft statt Pfirsichlikör ziehen lassen und den Sekt durch 750 ml Sprudelwasser ersetzen.

LUISE
HIMBEER-BOWLE

Die Himbeeren für diese Bowle können frisch oder tiefgefroren sein. Tiefgefrorene Beeren kühlen die Bowle, das ist perfekt an heißen Sommertagen!

500 g Himbeeren
1 Apfel
100 ml Himbeersirup (hergestellt wie den Cranberrysirup auf S.143)
500 ml Apfelsaft
300 ml Cranberrysaft
500 ml Weißwein
Crushed Ice
Krug oder Bowleschale

Die Himbeeren und den Apfel waschen. Den Apfel halbieren, entkernen und in feine Streifen schneiden. Alle Zutaten bis auf die Bionade in einen Krug oder eine Bowleschüssel geben und 1 Stunde im Kühlschrank ziehen lassen. Kurz vor dem Servieren die Bionade angießen.

→ Statt Weißwein 500 ml Holunder-Bionade angießen.

AMALIA

ERDBEER-CIDRE-BOWLE

Cidre als fruchtig-herbe Alternative zu Wein und Sekt in der Bowle wird bei Weitem unterschätzt.

740 g Erdbeeren

250 ml Lillet Blanc

175 ml Erdbeersirup

2 Bio-Limetten

8 Zitronenmelissezweige

750 ml Cidre, gekühlt

750 ml Sprudelwasser

Crushed Ice

Krug oder Bowleschale

Die Erdbeeren waschen und halbieren, in einen Krug oder eine Bowleschüssel geben und den Lillet Blanc und den Erdbeersirup angießen. Die Bowle ca. 1 Stunde im Kühlschrank ziehen lassen. Die Limetten heiß waschen und in Scheiben schneiden und die Zitronenmelisse waschen und trocken schütteln. Beides zu den Erdbeeren geben und die Bowle mit Cidre und Sprudelwasser aufgießen. Mit Crushed Ice servieren.

→ Cidre durch Apfelsaft ersetzen, den Lillet Blanc einfach weglassen.

JUSTUS

DIE EINFACHSTE MANGO-BOWLE

Diese Bowle ist so einfach, man kann sie sogar aus den nicht vorhandenen Ärmeln eines luftigen Sommerkleids schütteln.

1 Bund Minze

4 Mangos, gekühlt

Saft von

4 Limetten

1 l Sekt

Krug oder Bowleschale

Die Minze waschen und trocken schütteln, die Blätter in einen Krug oder eine Bowleschüssel zupfen. Die Mangos schälen, entkernen und würfeln, ebenfalls hineingeben, den Limettensaft zugießen. Zum Servieren mit dem Sekt auffüllen.

→ Die Bowle mit 750 ml Ingwer-Orangen-Limonade (siehe S. 151) statt mit Sekt auffüllen.

FRIEDRICH
TEE-BOWLE

Diese Tee-Bowle ist alkoholfrei, kann aber auch mit Sekt statt Tonicwater aufgegossen warden.

1 Vanilleschote....4 Beutel Rooibos Cream Orange oder Rooibos-Tee mit Vanillearoma.... 50 ml Läuterzucker....1 Bio-Zitrone.... ½ Bund Minze....500 g Erdbeeren....1 l Tonicwater.... Krug oder Bowleschale

Das Vanillemark aus der Schote kratzen und mit dem Zucker verrühren. Den Rooibos-Tee mit 500 ml Wasser aufbrühen und den Vanillezucker in den heißen Tee einrühren. Den Tee abkühlen lassen.

Die Zitrone heiß waschen. Mit dem Sparschäler die Zitronenschale abziehen, dabei möglichst wenig weiße Haut mit abziehen. Die Minze waschen und trocken schütteln, in zwei große Papierfilter geben, die Zitronenschale in einen Papierfilter geben, die Filter verschließen und in einen Krug oder eine Bowleschale hängen. Die Erdbeeren waschen, Stielansätze entfernen und hineingeben, den Tee angießen und die Früchte kurz ziehen lassen. Kurz vor dem Servieren mit Tonicwater auffüllen.

SPRITZ
MIT WASSERMELONE & GRÜNEM TEE

Wenn die Nacht lang werden soll, beginnt der Abend am besten mit einem Grüntee-Spritz.

3 TL loser Grüner Tee
½ kernlose Wassermelone
300 ml Sekt
Limettensaft zum Abschmecken
Eiswürfel

Den Tee mit 300 ml etwa 80 °C heißem Wasser überbrühen und 5 Minuten ziehen, dann abkühlen lassen. Die Wassermelone mit zwei Eiswürfeln pürieren. Den Sekt auf zwei Gläser verteilen, das Wassermelonenpüree hineingeben und dann den Tee angießen. Mit einem Spritzer Limettensaft abschmecken.

Here's To Us

SPRITZ

IN ZWEI VARIANTEN

Am besten schmecken diese fruchtigen Spritz-Varianten mit gefrorenen Früchten, so braucht man auch nicht so viele Eiswürfel, die den Drink verwässern würden.

MELONE & BASILIKUM

6-8 gefrorene Wassermelonenwürfel
300 ml trockener Weißwein, z. B. Sauvignon Blanc
80 ml Tonicwater oder Sprudelwasser
2 Basilikumzweige zum Servieren
Eiswürfel

Die Wassermelonenstücke und Eiswürfel auf zwei Gläser verteilen. Mit Weißwein und Tonic oder Sprudelwasser aufgießen. Mit Basilikum servieren.

PFIRSICH

1 gefrorener Pfirsich
300 ml trockener Weißwein, z. B. Pinot Grigio
120 ml Sprudelwasser
Eiswürfel

Den Pfirsich waschen, entsteinen und in dünne Spalten schneiden. Die Pfirsichspalten und Eiswürfel auf zwei Gläser verteilen, mit Weißwein und Sprudelwasser aufgießen.

ALLES AUF ROT

Mit Wodka haut dieser Cocktail ziemlich auf die Zwölf – macht ja nichts. Mit einem leichten Gin wird er etwas fruchtiger, die Kombination funktioniert erstaunlich gut!

250 g kernlose Wassermelone....
30 g Puderzucker....Saft von 1 Limette....
6 cl Wodka oder Gin....Crushed Ice....
Zitronenmelisse und Limettenspalten
zum Servieren

Die Wassermelone mit dem Puderzucker und dem Limettensaft pürieren. Etwas Crushed Ice auf zwei Gläser verteilen und mit dem Wassermelonenpüree übergießen. Je 3 cl Wodka in ein Glas gießen, kurz umrühren und mit Zitronenmelisse und einer Limettenscheibe garnieren.

→ VARIANTE FÜR EINEN SLUSH AUS DER EISMASCHINE: Die Wassermelone mit dem Handmixer grob pürieren, mit dem Puderzucker vermischen und 20–30 Minuten in der Eismaschine gefrieren. Kurz vor dem Servieren den Zitronensaft und den Alkohol dazugeben und 10 Minuten mit gefrieren.

BLAUE STUNDE

Der Name ist Programm – beerig-dunkel und eine gute Einstimmung für lange Nächte.

4 cl Heidelbeersaft....4 cl Wodka....
2 Lavendelzweige nach Belieben....
Tonicwater....Eiswürfel

Heidelbeersaft und Wodka mit einigen Eiswürfeln shaken. Die Lavendelzweige kurz kalt abbrausen. Die Eiswürfel auf zwei Gläser verteilen, die Lavendelzweige hineingeben, dann Heidelbeersaft und Wodka durch ein Sieb dazugießen. Mit Tonicwater auffüllen.

BLOODY GIN & TONIC

Weltweit ist „G&T“ endgültig in jeder Bar angekommen, seinen Charme verliert er dennoch nicht, vor allem in dieser überraschenden Kombination mit Blutorange.

4 Blutorangen
1 Bio-Limette
6 cl Gin
250 ml Tonicwater
Eiswürfel

Die Blutorangen auspressen. Die Limette heiß waschen und halbieren, mittig zwei Ringe abschneiden und die restlichen Limettenhälften auspressen. Einige Eiswürfel auf zwei Gläser verteilen, Blutorangensaft, Limettensaft und den Gin daraufgießen. Einmal umrühren und mit Tonicwater aufgießen, mit den Limettenscheiben servieren.

→ VARIANTE: Mit dem Saft von 2 Grapefruits und Sprudelwasser.

ORANGE MOSCOW MULE

Dem Moscow Mule kann man mit verschiedenstem Obst einen interessanten Twist geben, auch einige angedrückte Kirschen oder Erdbeeren machen sich gut im hübschen Kupferbecher.

120 ml Orangensaft
50 ml Zitronensaft
8 cl Wodka
250 ml Ginger Beer
Eiswürfel
Bio-Orangenspalten und Minze zum Servieren

Den Orangen- und den Zitronensaft sowie die Eiswürfel auf zwei Gläser verteilen und den Wodka angießen. Mit Ginger Beer aufgießen und mit Orangenspalten und Minze servieren.

Ananas-Daiquiri

Ein Daiquiri lässt sich nach Belieben mit Früchten aufmotzen, am liebsten mit eiskaltem Fruchtpüree, dann erhält er die Konsistenz eines feinen Sorbets.

240 ml Ananassaft
1 TL Cointreau
120 ml Rum
Saft von ½ Limette
2 Eiswürfel
Zucker zum Abschmecken
Crushed Ice

Ananassaft, Cointreau, Rum und Limettensaft mit zwei Eiswürfeln in einen Shaker geben und gut schütteln. Mit dem Zucker abschmecken. Das Crushed Ice auf zwei Gläser verteilen und den Daiquiri durch ein Sieb in die Gläser gießen.

Erdbeer-Bellini

Widmen wir uns einem Klassiker. Mit Erdbeere und Estragon erhält er einen besonderen twist.

200 g Erdbeeren
2 EL Estragonsirup (dafür den Rosmarinsirup auf S. 136 mit 5 Estragonstielen statt mit Rosmarin zubereiten)
400 ml Sekt
Eiswürfel

Die Erdbeeren waschen und die Stielansätze entfernen, anschließend pürieren und, wer die feinen Kerne nicht im Drink mag, durch ein feines Sieb streichen. Das Erdbeerpüree auf zwei Gläser verteilen und den Estragonsirup einrühren. In jedes Glas zwei Eiswürfel geben und mit dem Sekt aufgießen.

THE DUKE
Munich Dry Gin

APFEL-SPRUDEL

Die Saftpresse hat bisher nur morgens zu tun? Hier bekommt sie ihre Aufgabe für den Abend.

1 Apfel
60 ml Apfelsaft, frisch gepresst
30 ml Cognac
2 EL Läuterzucker (siehe S. 135)
180 ml Sekt
Eiswürfel

Den Apfel waschen und trocken reiben, halbieren und entkernen. Mittig zwei große Apfelscheiben zur Deko abschneiden. Den übrigen Apfel in kleine Würfel schneiden. Den Apfelsaft mit Cognac, Läuterzucker, den Apfelwürfeln und einigen Eiswürfeln in den Shaker geben, gut shaken und durch ein Sieb in zwei Gläser abgießen. Mit dem Sekt aufgießen.

MOUNTAIN GIN

Der Wacholder, Grundlage jedes Gins, wächst auf der Nordhalbkugel fast überall, auf dem Berg trifft man aber eher auf den Enzian. Da muss man sich den Gin wohl selbst mitbringen!

2 Rosmarinzweige
10 Basilikumblätter
8 cl Gin
60 ml Rosmarinsirup (siehe S. 136)
50 ml Zitronensaft
50 ml Grapefruitsaft
200 ml Kräuterlimonade (siehe S. 148)
Eiswürfel

Die Rosmarinzweige und Basilikumblätter waschen und trocken schütteln. Die Eiswürfel auf die Gläser verteilen und je einen Rosmarinzweig und fünf Basilikumblätter hineingeben. Den Gin, Rosmarinsirup, Zitronensaft und Grapefruitsaft angießen. Mit Kräuterlimonade auffüllen und einmal umrühren.

PIMM'S EISTEE

Ein Eistee mit geringem Alkoholgehalt, der aber auch alkholfrei zubereitet werden kann. Dazu einfach den Pimm's durch Läuterzucker oder einen Kräutersirup (siehe S. 136–137) ersetzen.

½ Bio-Zitrone
½ Bio-Orange
6 cl Pimm's
100 ml eiskalter schwarzer Tee
200 ml Ginger Beer
2 Minzezweige
Eiswürfel

Die Zitrone und die Orange waschen, trocken reiben, in Scheiben schneiden und mit einigen Eiswürfeln in einen kleinen Krug geben. Den Tee und den Pimm's dazugießen, umrühren und mindestens 1 Stunde im Kühlschrank ziehen lassen. Die Minzezweige waschen und trocken schütteln. Den Eistee vor dem Servieren mit dem Ginger Beer aufgießen und auf zwei Gläser verteilen. Mit den Minzezweigen servieren.

WHISKOFFIE

Die deutlich bessere Wahl bei nächtlichem Koffeinbedarf als ein klebriger Energydrink.

250 ml eiskalter Kaffee
8 cl Bourbon-Whiskey
2–4 EL Ahornsirup nach Belieben
Eiswürfel zum Shaken und Servieren
Milchschaum zum Servieren

Den Kaffee heiß oder kalt (siehe S. 173) brauen und vollständig erkalten lassen. Einen Cocktailshaker mit Eiswürfeln füllen und alle Zutaten hineingeben. Gut shaken, bis der Cocktail kalt und leicht schaumig ist. Einige Eiswürfel auf zwei Gläser verteilen und den Drink durch ein Sieb in die Gläser abgießen. Mit Milchschaumhäubchen servieren.

MINT EXPLOSION

Der Alkohol hält sich hier geschmacklich zurück, damit die Minze bestens zur Geltung kommt. Die Tee-Cocktails und Drinks in diesem Buch stammen von Erik Dürrschmidt, Barchef im A-ROSA in Travemünde und von Tom Griedel aus der TGBar in Leipzig. Wahre Kenner von Tee und Spirituosen.

180 ml Pfefferminztee, mit doppelter Teemenge zubereitet
8 cl Wodka
4 cl Cointreau
160 ml Orangensaft
2 EL Läuterzucker
4 Minzezweige zzgl. Minze als Deko

Die Minzezweige waschen und trocken schütteln. Alle Zutaten mit Eis in einen Shaker geben und kräftig shaken, dann auf zwei Gläser mit Eiswürfeln verteilen. Mit frischer Minze dekorieren.

RIO CAIPIRINHA

Tee aromatisiert den Alkohol und führt zu Geschmackskombinationen, die man sich bisher nicht hat erträumen lassen.

120 ml Cachaça
½ EL Ayurveda-Tee oder anderer Kräutertee mit Ingwer
2 Bio-Limetten
4 EL Rohrzucker
Crushed Ice

Den Cachaça auf 75 °C erhitzen, den Tee damit aufgießen und 5 Minuten ziehen lassen, dann den Cachaça durch ein Teesieb in ein Glas gießen. Die Limetten heiß waschen, achteln und mit dem Rohrzucker auf zwei Gläser verteilen, leicht andrücken und vermischen (*muddlen*), dann den Ayurveda- Cachaça zugeben und mit Crushed Ice auffüllen.

MILKY MARGARITA

Oolong ist ein sehr edler Tee, dessen Anschaffung sich umso mehr lohnt, wenn er seinen Einsatz sogar in der Bar findet.

8 cl Tequila silver
½ EL Milky Oolong oder anderer Oolong-Tee
4 cl Cointreau
20 ml frischer Limettensaft
1 Schuss Mandelmilch nach Belieben
Crushed Ice

Den Tequila auf 75 °C erhitzen, den Tee damit aufgießen und 4 Minuten ziehen lassen, dann den Tequila durch ein Teesieb in einen Shaker gießen. Alle übrigen Zutaten außer die Mandelmilch mit Crushed Ice in den Shaker geben und kräftig shaken. Zum Servieren auf zwei Gläser verteilen und nach Belieben einen Schuss Mandelmilch hineingeben.

ASSAM & GIN

Gießt man Tee mit Alkohol auf, kommt es zu etwa 20 % Flüssigkeitsverlust, daher keine Sorge bei knackigen 100 ml Gin in diesem Rezept.

½ TL (3 ½ g) Assam-Broken-Tee....
10 cl Gin....1 TL Honig oder Agavendicksaft....3 EL Licor 43....Zitronensaft zum Abschmecken....Sprudelwasser zum Aufgießen nach Belieben....Eiswürfel

Den Tee in ein kleines Glas geben, mit dem Gin aufgießen und 3 Minuten ziehen lassen. Kalt zieht der Gin sehr schnell die Bitterstoffe des Tees, daher keinesfalls länger als 4 Minuten ziehen lassen. Den Gin-Tee durch ein Sieb in einen Shaker abgießen, den Honig oder Agavendicksaft hineingeben und mit Eiswürfeln kräftig shaken. Wieder durch ein Sieb in zwei Gläser abgießen, den Licor 43 hinzufügen und nach Belieben mit einem Spritzer Zitronensaft abschmecken.

→ Wer ihn lieber als Longdrink mag, gießt die Mischung jetzt mit Sprudelwassser auf.

THOMAS HENRY
BITTER LEMON
TH

PRINCESS PEACH

Widmen wir uns den AutofahrerInnen und anderen NichttrinkernInnen: Bei den raffinierten Tee-Mocktails auf den folgenden Seiten vermisst man den Alkohol nicht.

2 Beutel Feel-Relaxed-Tee oder Melissentee
160 ml Cranberrysaft
20 ml Pfirsichsirup
Eiswürfel

Den Tee mit 160 ml kochendem Wasser aufgießen und 3 Minuten ziehen lassen. Zwei Gläser halb voll mit Eiswürfeln füllen, Cranberrysaft und Pfirsichsirup hineingeben und den Tee darübergießen.

APPLE BABE

Für Babes, aber auch Boys. Erfahrungswerte zeigen allerdings, dass süßer Mandelsirup eher was für die Mädels ist.

120 ml Red-Berries-Tee oder anderer roter Früchtetee, mit doppelter Teemenge aufgebrüht und abgekühlt
120 ml Apfelsaft
40 ml Zitronensaft
20 ml Mandelsirup
100 ml Bitter Lemon
Eiswürfel

Alle Zutaten bis auf das Bitter Lemon in den Shaker geben und kräftig shaken. Eiswürfel auf zwei Gläser verteilen. Den Mocktail durch ein Sieb in zwei Gläser gießen und mit Bitter Lemon aufgießen.

EARL GREY VIRGIN MOJITO

Warum eigentlich Mocktail? Na, weil to mock = *veräppeln und Cocktail. Also Mocktail, der Drink, der nur so tut als wäre er ein Cocktail.*

6 Minzezweige zzgl. Minze zum Servieren
2 Bio-Limetten
50 ml Earl Grey, mit dreifacher Teemenge aufgebrüht und abgekühlt
20 ml Limettensaft
20 ml Läuterzucker (siehe Seite 135)
Crushed Ice
Sprudelwasser

Die Minzezweige waschen und trocken schütteln, die Limetten waschen, trocken schütteln und in große Spalten schneiden. Die Limettenspalten mit der Minze auf zwei Gläser verteilen, leicht verrühren und andrücken (*muddlen*). Den Tee darüber verteilen, Limettensaft und Läuterzucker angießen und mit Crushed Ice auffüllen. Umrühren, mit Sprudelwasser aufgießen und mit frischer Minze servieren.

VIRGIN PEACH COLADA

Ein Schluck und schon ist man unschuldig am Strand von Ipanema – zumindest, wenn man die Augen schließt.

100 ml Apricot-Pfirsich auf Oolong-Tee oder anderer Oolong-Tee, mit doppelter Teemenge aufgebrüht und abgekühlt
1 Pfirsich
120 ml Pfirsichnektar
40 ml Kokossirup
40 ml Sahne
Crushed Ice

Den Pfirsich waschen und trocken reiben, entsteinen und im Mixer pürieren, dann 80 g Pfirsichpüree abmessen und mit allen anderen Zutaten in den Mixer geben. Eine halbe Handvoll Crushed Ice dazugeben. Zu einem cremigen Cocktail mixen, auf zwei Gläser verteilen und direkt servieren.

FARBVERZEICHNIS für Säfte, Smoothies und Shakes

Hat man Lust auf einen Smoothie, Saft oder Shake, steckt dahinter oft der Wunsch nach Farbe: Heute etwas Grünes! Nein, etwas Rotes! Dieses Farbverzeichnis soll bei der Entscheidung helfen.

BRAUN

GELB

GRÜN

ORANGE

ROT, ROSA & VIOLETT

WEISS

A

B

C

K

L

P

Q

R

S

LEGENDE
mit alkoholfreier Variante
Tier oder Pflanze

IMPRESSUM

Hinter jedem Buch steht ein gutes, gewissenhaft arbeitendes Team. In diesem Fall hat die Autorin die Redaktion selbst übernommen, mit tatkräftiger Unterstützung des gesamten Verlagsteams und hilfreichen Tipps des Teams von **Ronnefeldt** und von den Barkeepern **Erik Dürrschmidt** und **Thomas Griedel**. Bei der Rezeptentwicklung war **Felix** ein aufmerksamer Tester und ließ sich von der Ananas-Spinat-Kombination überzeugen. Merci! Die Rezepte wurden entwickelt mit Geräten der Firma **Philips**, die ihren Stammplatz in der Küche gefunden haben. Fotografin **Verena Susanna Dondelinger** hat das Beste aus dem Herbstlicht geholt, um die Fotos zu schießen, auf **nicestthings.com** kann man mehr von ihrer Arbeit entdecken. Das Cover entstand bei **Maria Brinkop**. Grafikerin **Tina Defaux** fand wie immer den schönsten Seitenaufbau, gestaltete ein großartiges Buch und hat dabei sogar ihre Schrägsperre überwunden. **Nina Wöstmann** lektorierte und **Julia Bauer** korrigierte. Gedruckt wurde bei **Nino Druck** in Lachen-Speyerdorf/Neustadt.

Mit Unterstützung von

PHILIPS

Ronnefeldt
TEA EXCELLENCE SINCE 1823

Printed in Germany

ISBN: 978-3-86528-803-5

 Besuchen Sie uns im Internet www.umschau-verlag.de